ARKANA

Buch

Als Chérie Carter-Scotts Lebensregeln zum ersten Mal auftauchten, war ihre Wirkung phänomenal. Sie wanderten von Hand zu Hand durch die Vereinigten Staaten und wurden in den Bestseller »Hühnersuppe für die Seele« aufgenommen. Jetzt erst stellte sich Chérie Carter-Scott als Urheberin dieser universellen Lebensweisheiten heraus.

In kleinen inspirierenden Essays, illustriert mit ermutigenden persönlichen Anekdoten, erläutert sie die Lektionen, die aus jeder ihrer zehn Regeln gelernt werden können. Carter-Scott zeigt, daß die Antworten auf die Fragen des Lebens in unserem eigenen Inneren zu finden sind und daß es an uns selbst liegt, zu einem erfüllten und sinnvollen Leben zu gelangen.

Autorin

Chérie Carter-Scott ist eine der bekanntesten Management-Beraterinnen der Vereinigten Staaten. Als Vorsitzende des Motivation Management Service Institute arbeitete sie weltweit mit über 200 000 Führungspersönlichkeiten. Ihre Seminare über Kommunikation, Führungsverhalten und Teambildung werden von Managern aus aller Welt besucht.

CHÉRIE CARTER-SCOTT

Das Leben ein Spiel, und hier sind die Regeln

Aus dem Amerikanischen
von Franchita Mirella Cattani

ARKANA
GOLDMANN

Die amerikanische Originalausgabe erschien 1998 unter dem Titel
»If Life is a Game, These are the Rules«
bei Broadway Books, New York

Vollständige Taschenbuchausgabe Dezember 1999
© 1999 der deutschsprachigen Ausgabe
Wilhelm Goldmann Verlag, München
in der Verlagsgruppe Bertelsmann GmbH
© 1998 der Originalausgabe Chérie Carter-Scott
Umschlaggestaltung: Design Team München
Umschlagfoto: Tony Stone / Soloway
Satz: DTP Service Apel, Hannover
Druck: Elsnerdruck, Berlin
Verlagsnummer: 14172
WL · Herstellung: Heidrun Nawrot
Made in Germany
ISDN 3-442-14172-9

1. Auflage

Sind dir in den letzten 25 Jahren die »Zehn Regeln für das Menschsein« irgendwo in die Hände gefallen, und hast du sie weitergegeben, sie bei einem Retreat, für eine Schulung, Broschüre oder Webseite verwendet, sie eingerahmt und aufgehängt, in eine Schublade gelegt oder am Kühlschrank befestigt, sie gelesen und mußtest lächeln, weil sie dir bekannt vorkamen, dann widme ich dieses Buch dir und allen Suchern, die die »Zehn Regeln für das Menschsein« über die letzten Jahre liebgewonnen haben. Dieses Buch soll dir und deinen Lieben eine Hilfe auf dem Lebensweg sein. Verwende es als Fibel zur Bewußtseinserweiterung. Und sei gesegnet auf deinem Weg.

Inhalt

Erste Regel
Du wirst einen Körper erhalten
19

Zweite Regel
Du wirst Lektionen lernen
33

Dritte Regel
Es gibt keine Fehler, nur Lektionen
43

Vorwort
von Jack Canfield

Ich kenne Chérie Carter-Scott nun schon seit über 20 Jahren. Ich habe ihren Workshop besucht, mit ihr zusammen Konferenzen gesponsert, sie als Beraterin in meine Organisation geholt, und sie war meine eigene Trainerin.

Als wir die »Regeln für das Menschsein« anonym in unsere *Hühnersuppe für die Seele*[1] aufnahmen, hatte ich keine Ahnung, daß sie von Chérie stammten. Als ich erfuhr, daß sie deren Autorin war, freute mich das sehr und erstaunte mich auch kein bißchen. Chérie ist eine großartige Gruppenleiterin und hat es sich zur Lebensaufgabe gemacht, den Menschen ihre Stärke bewußtzumachen und ihre Lebenssicht zu verändern. Es war also sehr einleuchtend, daß dieses erstaunlich tiefsinnige, einfache Modell zum besseren Verständnis des Lebens von ihr stammte.

Beim Lesen dieses Buches wirst du das Leben allmählich aus einer völlig neuen Perspektive betrachten. Ich kann dir auch versprechen, daß sich dein Leben wie durch Zauberhand verändern wird, wenn du die Grundsätze darin annimmst und das Geheimnis kennenlernst, wie man seine Herzenswünsche manifestiert.

Die »Zehn Regeln für das Menschsein« bieten viele Gelegenheiten zur Änderung. Genieße das Buch, lerne die Lektionen, und du wirst zu einem Meister im Spiel des Lebens.

Jack Canfield
Mitautor von *Hühnersuppe für die Seele*

[1] Goldmann-Taschenbuch, München 1996.

Vorbemerkung

Eine verfrühte Midlife-crisis suchte mich 1974 heim, als ich 25 Jahre alt war. Ich war Lehrerin geworden, um meiner Mutter einen Gefallen zu tun, und dann Schauspielerin, um mir selbst einen Gefallen zu tun. Weder das eine noch das andere befriedigte mich, und ich wußte nicht, was ich tun sollte. Die Vorschläge von Familienangehörigen und Freunden verwirrten mich nur noch mehr. Ich wußte nicht, wo ich nach einer Antwort suchen sollte. Also begann ich um Führung zu beten.

Einige Wochen danach empfing ich drei deutliche »Botschaften« – wobei es mir nicht klar ist, aus welcher göttlichen Quelle sie stammten –, die mir Antwort auf meine Fragen gaben. Die erste lautete »Du bist ein Katalysator zur Selbstergründung«, die zweite »Deine Arbeit hat mit Wachstum und Entwicklung zu tun« und die dritte, die laut und deutlich durchkam, »Du hast ein Talent für die Arbeit mit Menschen«. Ich wußte, daß diese drei Sätze die Antwort auf meine Gebete waren, aber nicht, wie ich sie umsetzen sollte. Die drei »Offenbarungen« wiesen mir weder den Weg zu einem bestimmten Berufszweig, noch lieferten sie mir eine Stellenbeschreibung. Also lag es an mir, herauszufinden, was ich als nächstes tun sollte. Ich formulierte den Satz: »Ich bin ein Katalysator, der mit Menschen an ihrem Wachstum und ihrer Entwicklung arbeitet.«

Von da an erhielt ich regelmäßig Botschaften. Anhand von diesen habe ich mein Seminar entwickelt, den *Inner Negotiation/Self-Esteem Workshop*. Zusätzlich zu den Botschaften kamen immer mehr Leute zu mir, um Antworten in ihrem Inneren finden zu lernen. Ich begann, in Einzelberatungen Menschen zu helfen, Mitteilungen aus ihrem eigenen Inneren aufzudecken. Kurz danach baten mich dieselben Leute um einen Kurs, um das

Geschwätz in ihrem Kopf abstellen und auf ihr Inneres hören zu lernen. Von da an entwickelte ich jeweils Programme auf Wunsch meiner Klienten. Sie hörten die Anweisungen aus ihrem Inneren, bekamen Antworten auf ihre Fragen und erzählten es Freunden. Damit war meine Beratungspraxis mit einem entsprechenden Schulungsprogramm für Leute eingeführt, die lernen wollten, wie ich arbeitete.

Als ich eines Tages das Programm für ein Beratertraining zusammenstellte, wurden mir die »Zehn Regeln für das Menschsein« eingegeben, und ich schrieb sie auf. Ich dachte bei mir: »Mein ganzes Leben habe ich nach diesen Antworten gesucht – jetzt habe ich sie bekommen.« Die Regeln beantworteten meine grundlegende Frage nach dem Sinn des Lebens. Hocherfreut beschloß ich, sie an die Teilnehmer des dreimonatigen Trainingskurses zu verteilen.

In den letzten 24 Jahren sind die »Zehn Regeln für das Menschsein« um die ganze Welt gegangen. Sie wurden fotokopiert, Freunden weitergegeben, über das Internet verbreitet, auf Broschüren und in Jack Canfields *Hühnersuppe für die Seele* abgedruckt[2]. Der ersten amerikanischen Ausgabe zufolge waren sie »anonym«. Eines Tages rief mich Jack an. Dan Millman, Autor von *Der Pfad des friedvollen Kriegers,* habe mich als Autorin der »Regeln für das Menschsein« erwähnt, und ob das stimme. Als ich bejahte, entschuldigte sich Jack und versicherte mir, er würde mich bei der nächsten Auflage erwähnen.

Seit jenem Tag sind viele Jahre vergangen. Die letztempfangene Botschaft lautete, ich solle ein Buch über die zehn Regeln schreiben, damit alle, die glücklich leben wollen, eine Anleitung dafür bekommen. Ich hoffe, daß es eine spirituelle Fibel für alle wird, die sich eben auf den Weg machen, und eine Erinnerung für diejenigen, die bereits seit einiger Zeit unterwegs sind.

[2] S. 70f.

Genieße die »Regeln für das Menschsein«, gib sie anderen weiter, verwende sie, um mit anderen Gespräche zu führen, wie du es immer wolltest. Lerne die Lektionen, höre auf die Botschaften aus deinem Inneren, stimme dich auf deine spirituelle DNS ein, und erfülle dir deine Träume.

Sei gesegnet auf deinem Weg!
Chérie Carter-Scott

Einführung

*Das Leben ist eine Reihe von Lektionen, die man durch-
leben muß, um sie zu verstehen.*

Helen Keller

Das Leben ist vielfach mit einem Spiel verglichen worden. Leider
teilt man uns weder die Regeln mit, noch bekommen wir
Spielanweisungen dafür. Wir beginnen einfach am Anfang,
rücken auf dem Spielbrett vor und hoffen, es schon recht zu
machen. Wir wissen weder, worum es bei diesem Spiel geht,
noch, was es eigentlich bedeutet, zu gewinnen.

Genau darum geht es bei den »Zehn Regeln für das Menschsein«. Sie sind Richtlinien für das Lebensspiel, und noch viel
mehr dazu. Die Regeln sind eine kleine spirituelle Fibel darüber,
was es heißt, ein Mensch zu sein. Es sind Weisheiten, die alle
irgendwo kennen, aber unterwegs vergessen haben. Mit diesen
Grundlagen können wir ein erfülltes Leben führen.

Jede Regel ist eine Herausforderung und bietet wiederum
bestimmte Lektionen, die wir alle zu lernen haben. Lektionen
werden gelernt, wenn man in Schwierigkeiten gerät, die es zu
überwinden gilt oder sich Probleme ergeben, die man lösen muß.
Jeder Mensch auf dieser Erde bekommt sein eigenes, nur für ihn
bestimmtes Lektionenpaket mit, das sich von allen anderen
unterscheidet. Wie die vierte Regel besagt, stellen sich diese
Lektionen immer wieder, bis sie gemeistert sind.

Die »Zehn Regeln für das Menschsein« sind weder ein Zauber
noch zehn leichte Schritte zur Gelassenheit. Sie sind keine So-
fortlösungen für emotionale oder seelische Leiden und auch
keine geheimen Schnellzüge zur Erleuchtung. Ihr einziger Zweck
besteht darin, eine Landkarte zu liefern, an die man sich auf dem
Weg zum spirituellen Wachstum halten kann.

Die Regeln sind weder ein Zwang, noch reglementieren sie, was wir tun, denken oder sagen sollen. Sie sind keine Pflicht, sondern Richtlinien, um gut zu spielen. Keine davon muß man unbedingt einhalten. Ich hoffe einfach, daß sie allen durch dieses Buch mehr zu Bewußtsein kommen. Die wertvollen Lektionen und die darin enthaltene Weisheit zu erlernen, könnte deinen Lebensweg einfach etwas leichter gestalten.

Erste Regel

Du wirst einen Körper erhalten

Du kannst ihn lieben oder hassen, aber du hast ihn für die Dauer deines Lebens.

In dem Augenblick, in dem du auf die Erde kamst, hast du einen Körper als Wohnung für deine Seelenessenz bekommen. Dein wahres »Ich« mit allen Hoffnungen, Träumen, Ängsten, Gedanken, Erwartungen und Glaubenssätzen, die dich zu einem einmaligen Menschen machen, wird in diesem Körper aufbewahrt. Obschon du und dein Körper das ganze Leben miteinander verbringen, führt ihr dennoch stets eine voneinander getrennte, unterschiedliche Existenz.

Der Körper dient als Puffer zwischen dir und der Außenwelt und soll dich durch dieses Spiel, das wir Leben nennen, hindurchtragen. Er übernimmt zudem bei einigen der ersten Hauptlektionen für das Menschsein die Rolle des Lehrers. Mit seiner Offenheit allen Lektionen und Gaben gegenüber, die der Körper dir bietet, liefert er oft wertvolle kleine Weisheiten oder Gnade als Wegweiser auf dem Weg zur spirituellen Entfaltung. Er vermittelt das nötige Grundwissen und Verständnis, um in ihm verankert zu sein, bevor man Fortschritte auf dem Weg machen kann.

Der Körper, den du bekommst, gehört dir, solange du hier weilst. Ob du ihn liebst oder haßt, annimmst oder ablehnst, du wirst in diesem Leben keinen anderen haben. Er ist vom ersten

Atemzug bis zum letzten Herzschlag bei dir. Da man den Körper nicht zurückgeben oder eintauschen kann, ist es außerordentlich wichtig zu lernen, ihn von einem bloßen Behälter zu einem geliebten Partner und lebenslangen Verbündeten umzuwandeln, denn die Beziehung zwischen dir und dem Körper ist die grundlegendste und wichtigste Beziehung im Leben. Sie liefert das Grundmuster, nach dem sich alle anderen Beziehungen richten.

Die Menschen haben unterschiedliche Beziehungen zu ihrem Körper. Vielleicht ist der deine eine maßgeschneiderte Wohnung und eignet sich bestens für deinen Geist und deine Seele. Oder er erscheint dir nicht besonders gut für deinen Wesenskern geeignet und hält dich wie in einem schlecht passenden Käfig gefangen. Vielleicht verbinden dich ein leichtes, befriedigendes und vertrautes Band und eine starke Beziehung mit deinem Körper. Oder dir ist es in deinem Körper nicht wohl und du wärst gerne anders – stärker, schlanker, gesünder, attraktiver oder weniger ungelenk. Vielleicht ist er dir auch völlig fremd, als hätte jemand bei der Körperverteilung einen Fehler gemacht. Ungeachtet dessen, wie du zu deinem Körper stehst, er ist und bleibt dennoch der deinige, und die Qualität deiner Lebenserfahrungen hat sehr viel mit der Beziehung zu tun, die du zu ihm aufbaust.

Die erste Regel fordert dich dazu heraus, Frieden mit deinem Körper zu schließen, damit er seinen Zweck bestmöglich erfüllt und wertvolle Lektionen des Annehmens, der Selbstachtung, des Respekts und des Genusses mit dir teilt. Jeder Mensch hat diese Grundlagen zu erlernen, bevor er die Lebensreise erfolgreich durchläuft.

Annehmen

Ich habe festgestellt, daß alles im Leben gelingt, wenn wir uns wirklich genauso, wie wir sind, lieben, annehmen und gutheißen.

Louise Hay

Gehörst du zu den wenigen Glücklichen, für die ihr Körper mit allen Schwächen und Stärken bereits genauso, wie er ist, perfekt ist, dann hast du die Lektion des Annehmens bereits gelernt und kannst zur nächsten Lektion übergehen. Glaubst du aber irgendwo doch noch, du wärest glücklicher, wenn du schlanker, größer, dicker, fester, blonder, stärker wärest, oder irgendeine andere körperliche Änderung würde das Leben in deinen Augen wie durch Zauberhand zum Besseren wenden, tust du vielleicht doch gut daran, etwas Zeit damit zu verbringen, den Wert des echten Annehmens kennenzulernen.

Annehmen heißt, das zu akzeptieren, was das Leben bietet. Unser Körper ist der bereitwilligste und weiseste Lehrer für diese Lektion. Wenn du nicht verhältnismäßig viel Zeit mit Erfahrungen außerhalb des Körpers verbringst, begleitet er dich überallhin. Er kann ein ständig anwesender, wohlwollender Führer sein oder ein lebenslanges Kreuz, das es zu tragen gilt. Nur du entscheidest darüber, und es kommt dabei darauf an, wie gut du diese Lektion lernst.

Für viele ist der Körper die Zielscheibe härtester Beurteilungen und das Barometer des Selbstwertgefühls. Sie setzen sich unerreichbare Maßstäbe und gehen mit sich ins Gericht, wenn sie diese Perfektion nicht erreichen. Da du dich der Welt in physischer Form zeigst, definierst du dich selbst meistens nach dieser Form, und ebenso definieren dich die anderen meistens nach dieser Form. Deine Haltung deinem Körper gegenüber steht in direktem Zusammenhang damit, wie gut du Annehmen lernst.

Den Körper streng zu verurteilen, schränkt die Genüsse ein,

die du dir zugestehst. Wie oft war ein strahlender Tag am Strand durch das Urteil über dein Aussehen in einem Badeanzug getrübt? Stell dir vor, wie befreiend es wäre, ganz unbefangen und zufrieden über den warmen Sand zu gehen. Denk an die vielen Dinge, die du im Leben aufgeschoben hast, bis du anders, besser oder vielleicht sogar perfekt aussiehst. Ich habe eine Freundin, die schrecklich gerne tauchen lernen würde, sich aber Gedanken darüber macht, wie sie in einem engen Taucheranzug aussähe. Akzeptierte sie sich, wie sie ist, könnte sie ebenso wie du ohne Einschränkungen alle Aspekte des Lebens voll auskosten.

Wie viele Frauen in meiner Bekanntschaft habe ich mich jahrelang wegen meiner Oberschenkel gegrämt. Ich wünschte sie mir nicht nur viel dünner, sondern führte geradezu einen insgeheimen Krieg gegen sie. Ich trug sogar an den heißesten Sommertagen die längsten Bermudashorts, die ich nur finden konnte, weil ich mich zu sehr schämte, sie zu zeigen. Ich war völlig davon überzeugt, daß mein Leben mit festeren Oberschenkeln, die nicht so herumschlabberten, schöner wäre. Ich wollte sie dazu bringen, sich meinen Vorstellungen über ihr Aussehen zu fügen. Ich stand nicht zu ihnen, und sie vergalten es mir durch die hartnäckige Weigerung, sich wie durch Zauberhand in straffe, biegsame und drahtige Gliedmaßen zu verwandeln. Kurz und gut, meine Oberschenkel und ich lebten nicht in Frieden zusammen.

Schließlich beschloß ich, diesem kalten Krieg ein Ende zu setzen und gelobte mir, meine Oberschenkel lieben zu lernen. Das war leichter gesagt als getan. Es ist leicht, bereits liebenswerte Seiten an sich zu mögen, aber sehr viel schwerer, Vorstellungen über das eigene Aussehen aufzugeben. Also beschloß ich, meinen scheinbaren Feinden jeden Tag einige Minuten positiver Aufmerksamkeit zu widmen. Täglich rieb ich sie mit einer nach Vanille duftenden Lotion ein. Dabei konzentrierte ich mich darauf, ihnen in Gedanken mitzuteilen, daß ich sie akzeptierte – zuerst zum Teil, später ganz. In den ersten Wochen kam ich mir dabei lächerlich vor, aber darüber kam ich hinweg. Ich freute mich immer noch nicht auf den morgendlichen Anblick meiner Oberschenkel im Licht der schonungslosen Badezimmerbeleuchtung, aber wenigstens wickelte ich sie nicht mehr sofort in ein Badetuch, um sie gar nicht zu sehen.

Mit der Zeit begann ich meine Oberschenkel um ihrer Stärke und Zuverlässigkeit willen zu schätzen. Dankbar nahm ich ihre Unterstützung bei meinem täglichen Fünfkilometerlauf zur Kenntnis. Zu meiner größten Freude reagierten sie ebenso positiv und wurden allmählich straffer. Der Punkt dabei war aber nicht, daß sie sich veränderten, *damit* ich sie akzeptierte. Sie entsprachen meinen Wünschen, *weil* ich sie annahm.

Es gibt viele dokumentierte Berichte über die Verbindung von Körper und Geist. Den Körper anzunehmen ist demnach nicht nur für das eigene seelische Wohlbefinden, sondern auch für die körperliche Gesundheit ausnehmend wichtig. Den Körper nicht ganz anzunehmen, führt manchmal zu Krankheiten, während umgekehrt Krankheiten geheilt werden, wenn man sich bemüht, ihn zu akzeptieren. Sogar die modernsten medizinischen Gremien erkennen heute an, wie wertvoll Selbstakzeptanz um ihrer Fähigkeit willen ist, Geist und Körper gesund zu erhalten.

Du weißt, daß du auf dem rechten Weg bist, wenn du den Körper in seiner jetzigen Form annimmst. Echtes Annehmen entsteht, wenn du den Körper genauso akzeptierst und schätzt, wie er ist, ohne ihn verändern zu müssen, um jemandes Liebe, meist der eigenen, würdig zu sein.

Heißt das, daß du dich jetzt gar nicht mehr um eine Besserung bemühen oder dich mit dem zufriedengeben solltest, was du mitbekommen hast? So ist es nicht gemeint. Es ist nur natürlich und menschlich, sich körperlich möglichst wohl fühlen zu wollen. Aber es heißt, daß man aufhören sollte, den Körper zu kritisieren, zu verurteilen oder etwas an ihm auszusetzen, wenn man nicht gerade vor Gesundheit strotzt oder besonders attraktiv ist. Der Drang nach Verbesserung ist ganz gesund, solange er aus Selbstliebe und nicht aus Unzulänglichkeit entsteht. Um zu wissen, woher der Wunsch nach einer neuen Frisur oder stärkeren Muskeln kommt, fragst du dich einfach: »Brauche ich diese neue Körperform [Haarfarbe, Fältchencreme, Garderobe], um glücklich zu sein?« Sei ehrlich. Ist die Antwort »ja«, wäre ein bißchen innere Arbeit an der Lektion Selbstakzeptanz wahrscheinlich angezeigt, bevor du Zeit und Geld für eine äußere Lösung aufwendest.

Immer wieder sage ich meinen Klienten und Studenten: »Liebt alles an euch, und wenn ihr etwas nicht mögt, ändert es. Wenn ihr es nicht ändern könnt, nehmt es an, wie es ist.« Der Körper wartet beim Wachstum und Altern mit einigen Herausforderungen auf, die sich nicht umgehen lassen. Im Extremfall befällt ihn eine Behinderung, eine schwächende Krankheit oder ein körperliches Leiden, was es sehr erschwert, ihn zu akzeptieren. Man muß ihn trotzdem annehmen, egal, wie unüberwindlich die Aufgabe auch erscheinen mag. An den Paralympic Games, den Olympischen Spielen für Behinderte, nehmen viele Menschen teil, die ihren Körper trotz offensichtlicher Behinderungen angenommen haben.

Wie lernt man die Lektion des Annehmens? Indem man einsieht, daß die Dinge sich so verhalten, wie sie sind, und der Schlüssel zum Gefängnis der Selbstverurteilung im eigenen Denken liegt. Entweder fährt man fort, gegen die Gegebenheiten des eigenen Körpers zu kämpfen, indem man sich bitter beklagt und in Selbstmißbilligung ergeht, oder man macht den ganz subtilen, aber gewaltigen inneren Schritt zu seiner Akzeptanz. So oder so bleiben die Tatsachen dieselben. Den Körper anzunehmen oder abzulehnen ist nur für dein eigenes Denken von Belang. Wie du den Körper siehst, wirkt sich nicht auf sein tatsächliches Aussehen aus; weshalb dann nicht die Leichtigkeit des Annehmens statt der schmerzlichen Zurückweisung wählen? Das ist die Wahl, vor der du stehst.

Was nimmst du an deinem Körper nicht an?

SELBSTACHTUNG
Ohne deine Zustimmung kann dir niemand Minderwertig-
keitsgefühle einflößen.

Eleanor Roosevelt

Selbstachtung ist das Gefühl, seinen Wert zu haben und sich den Herausforderungen des Lebens stellen zu können. Sie ist ebenso wichtig wie die Luft zum Atmen und genauso ungreifbar. Sie steigt aus den Tiefen unseres Wesens empor und spiegelt sich in jeder kleineren oder größeren Handlung. Sie ist die Essenz, aus der wir unseren Wert bemessen, und der wichtigste Baustein im Fundament unserer Psyche.

Ist Selbstachtung eine Lektion, die du erlernen solltest, wirst du immer wieder geprüft, bis du Vertrauen zu dir hast, deinen inneren Wert verstehst und auch daran glaubst. Dein Körper liefert dir genügend Gelegenheiten, das ganze Leben hindurch an dieser Lektion zu arbeiten.

Manchen Menschen bringt der Körper die Lektion der Selbstachtung bei, indem er prüft, wie bereitwillig sie sich einen Wert zumessen, ungeachtet dessen, wie sie aussehen oder wie gut ihr Körper funktioniert. Einer meiner Freunde, der beruflich viel in der Öffentlichkeit reden mußte, hatte zwei schwere Unfälle in seinem Leben. Zuerst verbrannten bei einem Motorradunfall 90 Prozent seiner Haut; dann brach er sich einige Jahre danach beim Absturz in einem kleinen Flugzeug das Rückgrat und landete für den Rest seines Lebens im Rollstuhl. Nach jahrelanger harter innerer Arbeit erkannte er, daß er trotz dieser Umstände ein befriedigendes Leben führen konnte, wenn er es nur mit der rechten Haltung anpackte. Anstatt sich mit dem zu befassen, was er nicht tun kann, konzentriert er sich auf das, was er *kann*. Sein Lebenswerk besteht darin, Menschen in vollen Hörsälen mit seinem Vortrag »Es geht nicht um das, was dir zustößt, sondern wie du damit umgehst« Mut zu machen. Er beweist täglich, daß er sich den Herausforderungen des Lebens zu stellen vermag und daß er es trotz schwerster physischer Behinderungen verdient hat, glücklich zu sein.

Selbstachtung ist ein Prozeß in drei Schritten. Beim ersten wirst du dir darüber klar, was dir im Weg steht. Zuzugeben, daß man sich selbst gegenüber einschränkende Überzeugungen hegt, ebnet den Weg zum zweiten Schritt. Dabei erforscht man seine Seele nach der tieferen inneren Verbindung zu dem Wesen, das man eigentlich ist. Beim dritten Schritt wird gehandelt, egal, ob das heißt, sich genauso wertzuschätzen, wie man ist, oder eine Veränderung zum Besseren einzuleiten.

Meine liebe Freundin Helen war ihr halbes Leben eine äußerst attraktive Frau gewesen. Sie hatte wunderbares weißblondes Haar, das mit ihrer sonnengebräunten Haut zusammen aller Augen magisch auf sich zog, wo immer sie einen Raum betrat. Helens äußere Identität hing von ihren faszinierenden Farben ab, und daher war es ihr wichtig, stundenlang sonnenbaden zu können, um jahraus, jahrein braun zu bleiben.

Als sie Ende Vierzig war, stellte man Hautkrebs bei ihr fest. Sie mußte sich einer Gesichtsoperation unterziehen, die eine kleine Narbe hinterließ, und durfte nicht mehr an die Sonne. Die Narbe war für Helen bei weitem nicht so schlimm wie die Tatsache, daß sie nicht mehr jene braungebrannte Schönheit sein würde, als die sie sich immer gesehen hatte. Ohne ihre typische Bräune würde sie ihr Haar zu seiner braunen Naturfarbe zurückfärben müssen, um nicht blaß auszusehen. Helens Selbstachtung sank in den Keller. Es kostete sie einen harten Kampf, den Verlust dessen zu akzeptieren, was jahrelang ihre Schönheit ausgemacht hatte. Sie mußte sich von ihrem früheren Selbstbild lösen.

Es dauerte fast ein Jahr, bis Helen ihre Selbstachtung zurückgewonnen hatte. Sie erkannte, daß sie ihren Wert nach dem Aussehen einer braungebrannten Blondine bemessen hatte. Nach monatelanger harter Arbeit schaffte sie es, wieder Verbindung zu ihrem Wesenskern aufzunehmen, und sah ein, daß diese

Überzeugung sie daran gehindert hatte, ein gutes Gefühl sich selbst gegenüber zu haben.

Das ist schon einige Jahre her, und man sieht Helens Narbe kaum noch. Sie hat ihre Naturfarben wieder. Wunderschönes braunes Haar umrahmt ein elfenbeinfarbenes Gesicht. Manchmal muß sie sich an ihren inneren Wert erinnern und Kontakt zu ihrem spirituellen Wesenskern aufnehmen, wenn sie in den Spiegel blickt. Sie hat erkannt, daß das echte innere Selbst das ganze Leben bei ihr bleibt, Schönheit sich jedoch verändert und vergeht und daher kein Verlaß auf sie ist, um Selbstachtung daraus zu beziehen.

Denk immer daran, daß Selbstachtung schwankt. Einmal hast du sie, verlierst sie wieder, pflegst und förderst sie und mußt sie immer wieder neu erarbeiten. Es ist nicht etwa so, daß man sie ein für allemal erlangt, sondern man erwirbt sie sich das ganze Leben hindurch, indem man ihr nachgeht und sie kultiviert.

Woher stammt dein Selbstwert? Versuche, den Weg zu dieser Quelle zu finden, denn es wird im Laufe deines Lebens immer wieder nötig sein, dorthin zurückzukehren. Wenn es dir leichtfällt, den Weg zu deinem wertvollen Wesenskern zu finden, weißt du, daß du diese Lektion gelernt hast.

RESPEKT
Der Körper ist dein Fahrzeug für das Leben. Lebe darin, solange du hier bist. Liebe, ehre, respektiere, würdige ihn und behandle ihn gut, dann dient er dir ebenso.

Suzy Prudden

Den Körper zu respektieren heißt, ihn zu schätzen und zu ehren. Den Körper zu respektieren heißt, ebenso fürsorglich mit ihm umzugehen wie mit irgendeinem anderen wertvollen, unersetzlichen Gegenstand. Ihn achten zu lernen, ist lebensnotwendig.

Du bist der Partner deines Körpers, wenn du ihn achtest. Du setzt dich in deinem physischen Körper fest und kannst aus allem Nutzen ziehen, was er dir zu bieten hat. Respekt ist eine Energie mit gegenseitiger Wirkung. Dein Körper respektiert dich, wenn du ihn respektierst. Behandle deinen Körper wie ein achtenswertes Gebäude, dann wird er es dir lohnen. Mißbrauche oder ignoriere ihn, und er bekommt die verschiedensten Störungen, bis du die Lektion Respekt gelernt hast.

Mein Bekannter Gordon behandelt seinen Körper wie einen heiligen Tempel. Nicht nur achtet er durch regelmäßige Übungen und Sport darauf, ständig fit zu bleiben, sondern er erfreut sich dank dieser ständigen Fürsorge auch einer ausgezeichneten Gesundheit. Er nimmt nur unbehandelte Nahrung zu sich, würde nie daran denken, zu leicht bekleidet in die Kälte hinauszugehen und geht ganz allgemein mit seinem Körper wie mit einem wertvollen Schatz um. Dank dieser ständigen Zuwendung läßt ihn sein Körper auch nie im Stich. Er ist praktisch immer in Höchstform. Der Körper ist sein geliebter Partner und bereit, alles zu tun, wozu er ihn braucht.

Selbstverständlich haben alle Menschen unterschiedliche Körper. Es wäre sicher zuviel verlangt, wenn jeder dem Körper so viel Aufmerksamkeit schenken sollte wie Gordon. Bei jedem Körper ist zudem etwas anderes wirksam. Du bist aber dafür verantwortlich, dich mit den besonderen Anforderungen deines Körpers vertraut zu machen. Es gibt keine Diät, die bei allen wirkt, genausowenig, wie es nur ein einziges Schlaf- oder Trainingsprogramm gibt. Echter Respekt entsteht, wenn du lernst, was dein Körper braucht, um Höchstleistungen zu erbringen, und dich dann verpflichtest, diese Bedürfnisse zu erfüllen.

Am anderen Ende des Spektrums wäre Travis zu nennen, ein 29jähriger Diabetiker, der seine Krankheit nicht ernst nahm. Travis ist ein wohlhabender, gutaussehender Jet-setter, der ein Leben auf vollen Touren führte. Er trank gerne Wodka-Martinis, ging häufig bis in die Nacht aus, aß rotes Fleisch und reichhaltige

Süßspeisen und wurde dazu auch noch kokainabhängig. Trotz der Ermahnungen seines Arztes weigerte sich Travis, sein ungesundes Leben auch nur im geringsten zu ändern. Er wollte nicht akzeptieren, daß sein Körper wegen seiner Krankheit etwas anderes brauchte als der seiner Freunde.

Monatelang ging es wie in einem Teufelskreis, der mit schweren Krankheiten gespickt war, stetig abwärts, bis Travis eines Tages vollends zusammenbrach. Ein Freund fand ihn reglos auf dem Badezimmerboden liegen, griff ein und rettete ihm das Leben. Travis bezahlte einen schmerzlichen Preis, um die Lektion Respekt zu lernen. Schließlich befaßte er sich doch mit allem, was er verdrängt, vernachlässigt und mißachtet hatte, und lernte, auf die besonderen Bedürfnisse und die Einmaligkeit seines Körpers zu achten.

Wie Travis' Beispiel zeigt, ist Respekt vor dem Körper in einer Welt der Ausschweifungen und Versuchungen eine echte Herausforderung. Es ist in der Regel viel leichter, mit den anderen mitzumachen und zu schlemmen, als die eigenen Grenzen zu beachten. Es ist in Ordnung, wenn du dich ab und zu gehenläßt, mal ist es geradezu gesund, solange du deine körperlichen Bedürfnisse nicht aufs Spiel setzt. Wie oft aber mußt du sie mißachten und deine physischen Grenzen überschreiten, wenn du beispielsweise scharfe Speisen magst und dabei weißt, daß es dir danach schlecht wird, bis du gelernt hast, auf den Körper zu hören? Zu deinem eigenen Wohl hoffe ich, daß das nicht zu häufig der Fall ist.

Behandelst du deinen Körper mit Ehrerbietung und Respekt, reagiert er entsprechend. Höre auf den Körper und seine eigene Weisheit. Er sagt dir, was er braucht, wenn du fragst, hinhörst und dich danach richtest.

GENUSS

Es ist keine Sünde, sich seines Lebens zu erfreuen.

Bruce Springsteen

Genuß ist der physische Ausdruck der Freude. Der Körper zeigt dir mit seinen fünf Sinnen, was für ihn Genuß ist. Du schaffst in deinem Bewußtsein Raum für Genuß, wenn du irgend etwas Spontanes tust oder körperlich empfindest, das die Freude in dir zum Fließen bringt.

Der Körper ist eine außerordentliche Genußquelle, wenn du deine fünf Sinne voll und ganz einsetzt und das Wunder, am Leben zu sein, körperlich auskostest. Genuß zeigt sich etwa dem Auge in Form eines wunderschönen Sonnenuntergangs oder dem Gaumen beim Verzehren einer Lieblingsspeise. Genuß entsteht beim Hören wunderbarer Musik oder durch die zarte Berührung eines geliebten Menschen. Das einzige Geheimnis zum Erlernen der Lektion des Genusses liegt darin, Zeit und Raum im Leben dafür zu schaffen.

Wieviel Genuß gönnst du dir? Bei den meisten Menschen zeigt ein unsichtbares gedankliches Höchstmaß an, wieviel Genuß sie sich selbst gerade noch zugestehen. Sie sind so mit dem Alltagsleben beschäftigt, daß sie Genießen wie einen überflüssigen Luxus betrachten, für den sie einfach keine Zeit haben. Dinge wie Lieben oder Spielen müssen alltäglichen Beschäftigungen den Vorrang lassen.

Aber dein Leben läuft einfach nicht so gut, wenn du dir den Genuß versagst. Das alte Sprichwort, daß Arbeit ohne Spiel stumpfsinnig macht, trifft hier genau zu. Du merkst, wie farblos das Leben verläuft, wenn du nicht ab und zu innehältst und deinen Sinnen etwas bietest. Genießen ist wie Öl, das die Lebensmaschine in Gang hält. Ohne Genuß läuft das Getriebe heiß, und wenn du dir den Genuß versagst, brichst du höchstwahrscheinlich irgendwann zusammen.

Manchmal vergesse ich, wie wichtig es ist, etwas zu genießen, wenn ich den Anforderungen und Verpflichtungen des Lebens im Eilschritt nachkomme. Ich versäume einen Tag am Strand mit meinem Mann, um ein Projekt abzuschließen, oder sage meine Massage ab, um Besorgungen zu erledigen. Unweigerlich werde ich reizbar und angespannt, und das ist für mich ein Zeichen, daß ich langsamer treten und mir etwas Freude gönnen sollte.

An einem meiner Workshops nahm Bill teil, der die Lektion des Genießens dringend nötig hatte. Bill war ein äußerst erfolgreicher Finanzberater bei einer Großbank. Er hatte eine Frau, drei Kinder, eine Hypothek, eine alte Mutter, zwei Autos und unzählige Rechnungen. Der von Natur aus ernste Bill war geradezu streng geworden und ständig verbissen dabei, seine Aufgaben zu erledigen und sein vielbeschäftigtes Leben zu organisieren. Nach seinen eigenen Worten hatte er »einfach keine Zeit, um sie mit Spaß zu vergeuden«.

Aber Bills Leben verlief nicht glatt. Jeden Tag plagte ihn eine große Unzufriedenheit, und er wußte nicht, wie er sie abschütteln sollte. Er nahm am Workshop teil, um herauszufinden, was er an der Plackerei ändern konnte, in die er hineingerutscht war. Dabei ging ihm auf, daß er sich jahrelang keinen einzigen genüßlichen Augenblick zugestanden hatte. Bill erinnerte sich an den Todestag seines Vaters, als er erst elf Jahre alt war. Sein Onkel hatte ihm damals gesagt, er müsse jetzt als Mann der Familie in dessen Fußstapfen treten. An jenem Tag verwandelte sich Billy aus einem sorglosen Kind in den reifen, verantwortungsbewußten kleinen Erwachsenen Bill.

Bei einer Übung im Verlauf des Workshops, bei der jeder einem inneren Impuls nachgeben sollte, stand Bill auf, löste seine Krawatte und fing zur Freude und Überraschung aller an, im Raum herumzuhüpfen. Er fing langsam an, hüpfte dann immer schneller und schneller, bis er nur noch so an uns vorbeiflitzte. Als er schließlich atemlos anhielt, lächelte er und war offensichtlich hoch erfreut, sich wieder Zugang zur Freude in seinem Zellgedächtnis verschafft zu haben.

Was macht dir Freude? Tu es, tu es oft; es macht dein Herz leichter und wirkt Wunder für die Seele.

Zweite Regel

Du wirst Lektionen lernen

*Du bist in einer informellen Vollzeitschule aufgenommen,
die Leben genannt wird. An jedem Tag in dieser Schule
wirst du die Gelegenheit haben, Lektionen zu lernen.
Du kannst die Lektionen mögen oder nicht, du selbst
hast sie dir in deinen Lehrplan geschrieben.*

Warum bist du hier? Was ist dein Lebenszweck? Der Mensch
stellt sich seit Urzeiten die Frage nach dem Sinn des Lebens.
Allerdings haben wir und unsere Vorfahren bei dieser endlosen
Suche übersehen, daß es nicht nur eine einzige Antwort darauf
gibt. Der Sinn des Lebens ist für jeden ein anderer.

Jeder Mensch hat seinen eigenen einmaligen Lebenszweck
und Weg, der sich von allen anderen unterscheidet. Auf dem
Lebensweg kommen zahlreiche Lektionen auf dich zu, die du
lernen mußt, um deinen Lebenszweck zu erfüllen. Du bekommst
speziell auf dich abgestimmte Lektionen. Sie zu lernen ist der
Schlüssel, mit dem du den Sinn und die Relevanz deines Lebens
erkennst und erfüllst.

Hast du die Grundlagen erlernt, die dir dein Körper beige-
bracht hat, bist du für einen fortgeschritteneren Lehrer bereit,
für das Universum. In jeder Lebenssituation werden dir Lektionen präsentiert. Leidest du Schmerzen, lernst du eine Lektion.
Freust du dich, lernst du eine andere Lektion. Jeder Handlung
und jedem Ereignis entspricht eine Lektion, die es zu lernen gilt.

Lektionen lassen sich weder vermeiden, noch kannst du den Lernprozeß umgehen.

Auf deinem Lebensweg bekommst du vielleicht große Herausforderungen serviert, denen andere sich nicht stellen müssen; umgekehrt kämpfen andere vielleicht jahrelang mit Problemen, mit denen du dich nicht abzugeben brauchst. Du wirst wahrscheinlich nie erfahren, weshalb dir der Segen einer wunderbaren Ehe beschieden ist, während deine Freunde furchtbar streiten und schmerzliche Scheidungen durchstehen. Ebensowenig weißt du, weshalb du finanziell nie auf einen grünen Zweig kommst, während andere, Ebenbürtige, in Hülle und Fülle leben. Du kannst nur mit Bestimmtheit damit rechnen, *alle* Lektionen vorgesetzt zu bekommen, die gerade du zu lernen hast. Ob du sie lernst oder nicht, hängt allein von dir ab.

Die zweite Regel fordert dich demnach heraus, dich auf deinen ureigenen Weg einzustellen, indem du die dir bestimmten Lektionen lernst. Das ist eine der schwierigsten Herausforderungen, die dir das Leben überhaupt bietet, weil dein Weg dir manchmal ein Leben beschert, das sich von demjenigen anderer völlig unterscheidet. Vergleiche also deinen Weg nicht mit dem deiner Mitmenschen und konzentriere dich auch nicht auf den Unterschied zwischen deren und deinen Lektionen. Denk vielmehr stets daran, daß dir nur solche Lektionen geboten werden, die du auch lernen kannst und die auf dein Wachstum abgestimmt sind.

Gelingt es dir, diese Herausforderung anzunehmen, kannst du das Geheimnis deines Lebenszweckes lüften und dein Leben danach ausrichten. Dann bist du kein Opfer der Umstände mehr, sondern du übernimmst das Ruder. Das Leben »stößt dir« nicht mehr einfach »zu«. Arbeitest du auf die Erfüllung deines eigentlichen Zweckes hin, entdeckst du erstaunliche Gaben in dir, die du möglicherweise nie vermutet hättest. Es ist bestimmt kein leichter Prozeß, aber angesichts der Ergebnisse lohnt sich der Kampf.

Das Streben nach Selbsterkenntnis bietet dir in der Regel die Grundlektionen Offenheit, Beschließen, Gerechtigkeit und Gnade. Sieh diese Lektionen als Mittel und Hilfen an, deinen einmaligen Lebenszweck zu finden.

OFFENHEIT

Betrachtet man Erfahrungen auf eine bestimmte Weise, sind sie nichts weiter als Türen zum Reich der Seele.

Jon Kabat-Zinn

Offenheit heißt aufgeschlossen sein. Das Leben bietet dir unzählige Lektionen, doch keine nützt dir etwas, wenn du sie nicht erkennst und für den Wert, den sie birgt, nicht empfänglich bist. Lektionen bekommst du jeden Tag vorgesetzt. Wie schwer dir einige davon auch fallen mögen, du mußt sie anders sehen, als Geschenk oder Führer auf dem Weg zu einem Leben aus dem echten Selbst.

In meinen Workshops habe ich bei Hunderten von Menschen erlebt, wie sich alles verändert, wenn sie begreifen, daß jedes Ereignis im Leben geschieht, um ihnen etwas über sie selbst beizubringen. Akzeptierst du die Lektionen, die dir das Leben bietet, mögen sie auch noch so unangenehm oder problematisch sein, tust du den wesentlichen ersten Schritt zur Erkenntnis deines wahren Selbst und Lebenszwecks. Du beginnst, die grundlegende Haltung der Offenheit zu pflegen.

Immer wieder werde ich gefragt, wie man seine Lektionen erkennt. Die Antwort lautet, daß die Lektionen bei allen offensichtlich sind. Es kommt nur darauf an, mit welcher Brille die Betreffenden sie betrachten. Mit der Brille des Widerstands werden sie vielleicht zornig oder verbittert. Diese Starrköpfigkeit verhindert ein inneres Wachstum. Tragen sie jedoch die Brille der Offenheit und des Unterscheidungsvermögens, erlangen sie ein tieferes Verständnis dafür, was ihnen die verschiedenen Lebensumstände vermitteln wollen.

Es ist leicht, Lektionen zu erkennen, die dir Möglichkeiten eröffnen, weil sie attraktiv sind. In der beruflichen Karriere voranzukommen, bringt gewisse Lektionen wie Verantwortungsbewußtsein und Bereitschaft mit sich. Sich auf eine neue Liebesbeziehung einzulassen, geht mit Lektionen wie Vertrauen und Kompromißbereitschaft einher. Zum erstenmal Vater oder Mutter zu werden, lehrt Geduld und Disziplin. Solche Lektionen erkennt man leicht, weil sie schön verpackt sind. Dafür offen zu sein fällt nicht schwer.

Schwieriger sind Lektionen zu erkennen, bei denen das Leben ungerecht mit dir umzugehen scheint. Sie sind weniger schön verpackt, und meistens setzt man dann reflexartig die Widerstandsbrille auf. Die Arbeit zu verlieren, ist eher eine Katastrophe als eine Chance, Vergebung oder Flexibilität zu erlernen, wenn du nicht bereit bist, zu erkennen, was du daraus lernen könntest. Liebeskummer sieht aus wie eine Krise und nicht wie ein Hinweis darauf, Güte oder Nicht-Anhaftung zu üben. Als erstes Kind ein behindertes zu bekommen, sieht eher nach einer Strafe als nach einer Gelegenheit aus, etwas über Heilung und Unterstützung zu lernen. Diese weniger attraktiven Lektionen sind zwar nicht gerade lustig, aber eigentlich die größten Geschenke.

Neulich war wieder einmal die Lektion Geduld bei mir fällig. Ich wußte, daß ich sie unbedingt lernen mußte, weil ich immer wieder in Situationen geriet, in denen ich abgehetzt, gereizt oder ärgerlich war. Ich mußte sie lernen, aber jedesmal, wenn sie sich zeigte, hatte ich offenbar die Widerstandsbrille auf, bevor ich erkennen konnte, wie ich daran arbeiten sollte. Ich war stets davon überzeugt, daß ich die Dinge in der betreffenden Situation rasch und auf meine Art erledigen sollte und daß meine Frustration überhaupt nichts mit Geduldlernen zu tun hatte. Mein Widerstand hinderte mich daran, die Lektion zu sehen.

Und wie schreiten wir vom Widerstand zur Aufgeschlossenheit? Indem wir zuerst den Widerstand erkennen. Widerstand macht sich in der Regel durch zusammengebissene Zähne, Beengung im Brustraum oder Seufzen bemerkbar. In Gedanken nimmt er Formen an wie »Weshalb muß ich mich damit herumschlagen? Ich will das nicht, brauche es nicht, und es paßt mir nicht!« Sobald du herausgefunden hast, wo sich der Widerstand bei dir in Gedanken oder im Körper äußert, erkennst du ihn in Zukunft schneller.

Der nächste Schritt besteht darin, dich daran zu erinnern, daß du eine Wahl hast. Du kannst entweder weiteren Widerstand leisten und dich schlecht fühlen, oder das Nötige aus der Situation lernen. Wenn du dir diese Wahl vor Augen hältst, wirst du jedesmal daran erinnert, daß du Herr über den Widerstand bist, und kannst erkennen, wie du mit den Herausforderungen des Lebens umgehst.

Beim letzten Schritt fragst du dich: »Bin ich bereit, den Widerstand aufzugeben und zu lernen, was auch immer gerade für mich ansteht?« Denk daran: Willst du wirklich aus deinem wahren Selbst leben, mußt du bereit sein, alle dir gebotenen Lektionen zu lernen, damit du zu einem Menschen heranwächst, der du sein möchtest.

Welchen Lektionen widersetzt du dich?

ENTSCHEIDEN

Ich stehe vor der Sonne und dem Mond dazu, alles zu tun, was mich freut und was mein Herz bestimmt.

Ralph Waldo Emerson

Eine Entscheidung erfordert das Bewußtmachen der eigenen Wünsche und die Wahl einer entsprechenden Handlungsweise. Jeden Augenblick entscheidest du, dich auf deinen eigenen Weg auszurichten oder davon wegzusteuern. Es gibt keine neutrale

Handlung. Sogar die kleinste Geste geht in eine bestimmte Richtung und führt dich, ob du es merkst oder nicht, näher zu deinem Weg oder von ihm weg. Eine lautere Handlung, etwa Zeit mit einem lieben Freund zu verbringen, richtet dich darauf aus, eine falsche aber, beispielsweise aus Pflichtgefühl mit jemandem zusammenzusein, den du eigentlich nicht magst, entfremdet dich deiner inneren Wahrheit. Jede Wahl fällt ins Gewicht.

Auch wenn man die Worte »entscheiden« und »beschließen« synonym verwendet, sind sie dennoch nicht dasselbe. Beschlüsse faßt man mit dem Kopf, aber man entscheidet sich aus dem Bauch. Beschlüsse sind das Ergebnis eines rationalen, vernünftigen Abwägens der Umstände. Eine Entscheidung hingegen entstammt dem Wesenskern und dem Einklang mit dem höheren Selbst.

Nehmen wir zum Beispiel die Opernsängerin Betty, die umsatteln mußte, weil ihre Stimmbänder Schaden gelitten hatten. Sie kam zur Beratung, weil sie im Zweifel war, ob sie die nötigen Fertigkeiten für einen neuen Beruf hatte. Ich erklärte Betty, sie habe bestimmt Vorlieben und Leidenschaften, die ihr den Weg weisen würden, und bat sie, mir zu sagen, was sie gerne tat.

Betty dachte eine Weile nach und zählte dann ihre vier größten Vorlieben auf: Essen, Einkaufen, Französisch reden und Speisen in einem schicken Restaurant. Sie strahlte buchstäblich, als sie beschrieb, wie gerne sie das alles tat. Dann fügte sie rasch hinzu, sie sei sich sehr wohl bewußt, daß andere diese Interessen nicht gerade großartig fänden, und sicher würden sie ihr bei der Suche nach einem neuen Tätigkeitsfeld nicht helfen.

Doch hier irrte sich Betty. Weil sie bereit war, ihre wirklichen Interessen zuzugeben und ihnen einen Wert zuzugestehen, konnte sie die nächsten Schritte unternehmen, die sie mit der Wahrheit in ihrem Inneren in Einklang brachten, statt einen »vernünftigen« Beruf zu ergreifen, der davon wegführte. Betty beschloß, eine Arbeit zu finden, die wenigstens dem einen oder anderen ihrer Interessen gerecht würde.

Zu Bettys größter Überraschung manifestierte sie eine Arbeit, die alle scheinbar so unterschiedlichen Interessen unter einen Hut brachte. Sie wurde Organisatorin für Sonderveranstaltungen in einem der elegantesten Warenhäuser. Ihre erste Aufgabe bestand darin, die Leiter eines französischen Modehauses in elegante Restaurants auszuführen und zu unterhalten.

Erinnere dich an eine echte Entscheidung in deinem Leben. Vielleicht lockten dich Reisen in ein fernes Land, oder du spürtest, daß du eine Liebesbeziehung beenden solltest oder hattest den Impuls, die Arbeit in einem Unternehmen aufzugeben und selbständig zu werden. Wie fühlte es sich damals an, aufgrund dieser Wahl zu handeln?

Erinnere dich an jenes Gefühl. Es ist die Essenz eines Lebens in Einklang mit deinem ureigenen Weg.

FAIRNESS

Ich klagte, weil ich keine Schuhe hatte, bis ich einen Mann ohne Füße sah.

Saadi

Unser Sinn für Fairneß läßt uns nach Ausgewogenheit streben und erwarten, daß alle gleich behandelt werden und die Gerechtigkeit immer siegt. Das Leben ist aber nicht fair, und es kann durchaus sein, daß dein Lebensweg – verdientermaßen oder nicht – schwieriger ist als derjenige anderer in deiner Umgebung. Lebensumstände sind immer einmalig, und jeder muß auf seine Weise damit umgehen. Bemühst du dich um Einklang mit deiner inneren Wahrheit, und willst du Gelassenheit erlangen, wirst du die Klage »Das ist nicht fair« immer mehr vermeiden müssen. Richtest du dein Augenmerk auf das Ungerechte einer Situation, dann vergleichst du dich mit anderen, statt deine Einmaligkeit zu würdigen, und versäumst es, die dir gebotenen

Lektionen zu lernen, weil Verbitterung und Groll dich ablenken.

Nehmen wir beispielsweise Jackie und Kirsten, zwei Schwestern, die nach herkömmlichen Schönheitsmaßstäben meilenweit auseinander lagen. Jackie war eine große, stattliche Brünette mit faszinierend blauen Augen, einer anmutigen Haltung und elegantem Stil. Sie war so auffallend, daß sich Passanten auf der Straße häufig nach ihr umwandten, weil sie sie für eine Schauspielerin hielten. Auf Kirsten hingegen paßte das landläufige Bild eines Wildfangs. Sie war fest gebaut, einfach gekleidet und kümmerte sich selten um Mode oder Make-up. Niemand würde Kirsten je für eine Schauspielerin halten.

Jackie war zweimal verheiratet gewesen, Kirsten gar nicht. Jackie wurde ständig von Männern angerufen, die sich mit ihr treffen wollten; bei Kirsten war das viel seltener der Fall. Niemand hätte aufgrund von Kirstens ungehobeltem Aussehen vermutet, daß sie viel Zeit damit verbrachte, sich mit ihrer älteren Schwester zu messen, und daß sie wie in Jackies Schatten gefangen war. Sie klagte immer wieder über die Ungerechtigkeit bei der Verteilung des Erbguts zwischen Jackie und ihr.

Erst als Kirsten sich schließlich daran machte, alles aufzulisten, was sie gut konnte und worin sie glänzte, ging ihr überhaupt auf, welche einmaligen Gaben sie besaß. Jetzt konnte sie damit aufhören, sich mit Vergleichen zu Jackie aufzuhalten. Sie begriff, daß ihre natürliche sportliche Begabung ein echtes Talent war, das sie genießen und mit dem sie sich hervortun konnte; zudem hatte sie eine Gabe, ihren Mitmenschen zu helfen. Auch wenn sie zugeben mußte, daß sich wahrscheinlich nie jemand nach ihr umdrehen würde wie nach Jackie, gestand sie doch ein, daß sie vieles an ihrem Aussehen mochte. Sie freute sich darüber, wie lang ihre Liste geworden war. Kirsten mußte lernen, daß sie nicht in einer offenbaren Ungerechtigkeit zu waten brauchte, nur weil sie sie unfair fand.

Was hält dich zurück, das du ungerecht findest?

GNADE

Du nährst deine Seele, indem du dein Schicksal erfüllst.

Harold Kushner

Gnade ist eine jener ungreifbaren Eigenschaften, die man kaum beschreiben kann, jedoch erkennt. Begnadete Menschen scheinen mühelos durchs Leben zu schreiten. Sie leuchten wie von innen, und alle Menschen in ihrer Umgebung nehmen dieses Leuchten wahr.

Im Zustand der Gnade zu leben heißt, vollständig in Einklang mit dem eigenen geistigen Wesenskern und der höheren Macht zu sein, die dich erhält. Gnade tritt ein, wenn der Schritt vom niederen Selbst, in dem das Ego den dir »rechtmäßig« zustehenden Weg weist, zum höheren Selbst getan wird, in dem das Ego transzendiert wird und du in deinem höchsten Gut aufgehst. Sie tritt ein, wenn du aus einer »ich« zentrierten Realität zu einem größeren Überblick gelangst. Gnade offenbart sich, wenn du verstehst und akzeptierst, daß das Universum stets Situationen schafft, die jeden Menschen zu seinem wahren Weg geleiten, daß alles mit gutem Grund geschieht und zum göttlichen Plan gehört.

Klingt schön, sagst du vielleicht, aber wie erlangt man diesen glückseligen Zustand? Nun, indem du jeden Tag daran denkst, daß die dir vorgesetzten Lektionen besondere, einmalige Geschenke nur für dich allein sind und daß du in den Zustand der Gnade versetzt wirst, wenn du deine Lektionen meisterst. Indem du den festen Glauben entwickelst, daß dir alles gegeben wird, was für dich richtig ist, egal, wie weit entfernt es anscheinend von deinen eigenen Plänen ist.

Sehen wir uns beispielsweise Delia an, eine junge Frau mit schriftstellerischem Talent. Delia stammt aus einer wohlhabenden Familie an der Ostküste der Vereinigten Staaten. Die Familie meinte, Delia solle einen ebenso wohlhabenden Mann heiraten,

41

in ein großes Haus in einem Vorort ziehen und einer »angemessenen« Tätigkeit nachgehen – beispielsweise Freiwilligenarbeit in einer Wohlfahrtsinstitution – oder sich damit beschäftigen, Gelder für eine solche aufzutreiben. Delia aber war sich innerlich sicher, daß ihre Leidenschaft für das Schreiben eine Gabe Gottes und ihr eigentlicher Weg derjenige einer Schriftstellerin war. Natürlich war ihre Familie entsetzt, als sie ihre Absicht verkündete, nach New York zu ziehen und dort freiberuflich mit dem Schreiben zu beginnen.

Schließlich erfüllte sich Delia ihren Traum. Sie liebte ihre kleine Wohnung in der Stadt, lernte andere angehende Schriftsteller kennen, mit denen sie sich über das Schreiben austauschen konnte, und hatte fast ohne eigenes Dazutun immer wieder Arbeit. Ihr Leben verlief wie ein ruhiger Fluß. Zwar mußte sie sich mit der Enttäuschung ihrer Familienangehörigen und der beängstigenden Tatsache auseinandersetzen, aus dem für sie vorgesehenen bequemen Rahmen auszusteigen. Dennoch blieb sie ihrem Wesenskern treu. Bei unserer letzten Begegnung hatte Delia eben den Auftrag für einen langen Artikel von einer führenden Zeitschrift bekommen, und sie strahlte mit jenem begnadeten inneren Leuchten.

Im Zustand der Gnade vertraust du auf dich und das Universum. Du freust dich über die Gaben anderer, im Wissen, daß diese für sie richtig und angemessen sind und daß das Universum gerade um die Ecke ein Geschenk für dich bereithält.

Dritte Regel

Es gibt keine Fehler, nur Lektionen

Wachstum ist ein Prozeß aus Versuch und Irrtum: Experimentieren. Die »mißlungenen« Experimente sind genauso ein Teil des Prozesses wie das Experiment, das letztendlich »funktioniert«.

Das menschliche Wachstum ist ein Prozeß des Experimentierens und immer wieder Ausprobierens, der am Ende zur Weisheit führt. Beschließt du, auf dich zu vertrauen und danach zu handeln, kannst du nie wissen, wie es ausgeht. Manchmal gelingt es dir, manchmal bist du enttäuscht. Die mißlungenen Experimente sind jedoch nicht weniger wertvoll als diejenigen, die schließlich gelingen. Eigentlich lernen wir mehr aus den vermeintlichen »Mißerfolgen« als aus den anscheinenden »Erfolgen«.

Die meisten Menschen sind enttäuscht und verärgert, wenn Pläne scheitern, in die sie sehr viel Energie, Zeit und Geld gesteckt haben. Die meisten reagieren gleich mit einem Versagensgefühl. Es ist zwar leicht, diese deprimierende Schlußfolgerung zu ziehen, aber es hindert einen daran, mit den Lebenslektionen fortzufahren.

Statt die eigenen Fehler als Mißerfolge und die Fehler anderer als Herabsetzung zu betrachten, könnte man sie auch als Lerngelegenheiten ansehen. Wie Emerson sagte: »Jedes Unglück ist ein Ansporn und ein wertvoller Hinweis.« Jede Situation, in der du deinen eigenen Erwartungen nicht entsprichst, bietet dir eine Gelegenheit, etwas Wichtiges über dein eigenes Denken und Verhalten zu erfahren. Jede Situation, in der dir jemand in deinen Augen ein »Unrecht« zufügt, erlaubt dir, deine Reaktionen kennenzulernen. Ob es sich um dein eigenes Verschulden oder dasjenige anderer handelt, ein Fehler ist einfach eine Chance, den nächsten Schritt auf dem spirituellen Weg zu tun.

Bedenkst du die Entbehrungen im Leben – die Enttäuschungen, Verletzungen, Verluste, Krankheiten und alle tragischen Begebenheiten, unter denen du vielleicht leidest – und siehst sie nun anders an, nämlich als Lern- und Wachstumsgelegenheiten, dann verleiht dies dir Stärke. Du nimmst dein Leben in die Hand und stellst dich seinen Herausforderungen, anstatt dich als jemanden zu betrachten, der ein Opfer, unterlegen oder allein und sich selbst überlassen ist.

Die nachfolgende schöne Geschichte aus *The Speed of Light* von Gwyneth Cravens ist ein Beispiel dafür:

Asad erzählte die Lebensgeschichte eines jungen Mädchens aus Marokko, deren Vater als Spinner arbeitete. Das Handwerk brachte ihm Reichtum ein, und er nahm sie auf eine Reise über das Mittelmeer mit. Er wollte seine Garne verkaufen und empfahl seiner Tochter, dabei Ausschau nach einem Jüngling zu halten, der einen guten Ehemann für sie abgäbe. Das Schiff geriet jedoch in einen Sturm und strandete unweit von Ägypten. Der Vater kam um, und die Tochter wurde an Land gespült. Elend und erschöpft konnte sie sich kaum an ihr früheres Leben erinnern und irrte im Sand herum, bis sie schließlich zu einer Weberfamilie kam. Diese nahm sie auf und brachte ihr das Weben bei. Damit war sie schließlich ganz zufrieden.

Doch einige Jahre später wurde die junge Frau am Strand von Sklavenhändlern gefangengenommen, die nach Istanbul segelten und sie zum Sklavenmarkt brachten. Ein Schiffsmastenbauer ging auf den Markt, um Sklaven als Helfer bei seiner Arbeit zu kaufen. Doch als er das Mädchen sah, erbarmte er sich seiner, kaufte es und nahm es als Dienerin für seine Frau mit nach Hause. Unterdessen hatten Piraten die Ladung gestohlen, in die er investiert hatte, und er konnte keine zusätzlichen Sklaven kaufen. Nun mußte er mit dem Mädchen und seiner Frau die Masten selbst herstellen. Die junge Sklavin arbeitete hart und gewissenhaft. Der Mastenbauer schätzte ihr Können so hoch, daß er ihr schließlich die Freiheit schenkte und sie als Partnerin in sein Geschäft aufnahm. Auch das machte ihr schließlich Freude.

Eines Tages bat er die junge Frau, ihn mit einer Ladung Masten auf einer Schiffsreise nach Java zu begleiten. Sie willigte ein, doch vor der chinesischen Küste gerieten sie in einen Taifun. Wieder wurde sie an einen fremden Strand gespült, und wieder haderte sie mit dem Schicksal. »Weshalb geschieht mir das immer wieder?« fragte sie. Doch sie erhielt keine Antwort. Sie erhob sich aus dem Sand und machte sich landeinwärts auf den Weg.

In China gab es eine Legende, derzufolge eine fremde Frau erscheinen und ein Zelt für den Kaiser machen würde. Da niemand in China wußte, wie man ein Zelt macht, wunderte sich die ganze Bevölkerung einschließlich Generationen von aufeinanderfolgenden Kaisern über diese Vorhersage. Jedes Jahr schickte der Kaiser seine Abgesandten in sämtliche Städte aus, um alle fremden Frauen zum kaiserlichen Palast zu holen. Schließlich wurde auch die gestrandete Frau zum Kaiser gebracht, dessen Dolmetscher sie fragte, ob sie ein Zelt herstellen könne. »Ich glaube schon«, antwortete sie. Sie verlangte Seile, aber die Chinesen hatten keine. Da erinnerte sie sich an ihre Kindheit als Tochter eines Spinners, bat um Seide und spann sie zu einem Seil. Sie verlangte festes Tuch, aber die Chinesen hatten keines. Da erinnerte sie sich an ihr Leben unter den Webern und wob ein Segeltuch. Sie bat um

Zeltpflöcke, aber die Chinesen hatten keine; da gedachte sie ihres Lebens mit dem Mastenbauer und machte die Zeltpflöcke selbst. Als alles bereit war, versuchte sie, sich möglichst an jedes Zelt zu erinnern, das sie in ihrem Leben je gesehen hatte. Schließlich stellte sie das Zelt auf. Der Kaiser staunte über dieses Gebilde und die Erfüllung der alten Prophezeiung. Er bot ihr alles an, was sie sich wünschte. Sie heiratete einen schönen Prinzen, blieb von ihren Kindern umgeben in China und lebte glücklich und zufrieden bis ins hohe Alter. Und sie erkannte, daß ihre Abenteuer ihr damals schrecklich erschienen waren, aber für ihr Glück unerläßlich gewesen waren.

Das Mädchen in Asads Geschichte erkannte im nachhinein, welche Zauberhand ihr schreckliches Geschick geleitet hatte. Sie vermochte die Vollkommenheit im umfassenderen Plan der Dinge zu sehen. Zwar fällt es uns nicht immer leicht, die eigene Lage aus einer breiteren Perspektive zu betrachten. Um das Gute in anscheinend unglücklichen Lebenslagen aufzuspüren, ist es allerdings wichtig.

Zur Erleichterung dieses Lernprozesses gilt es, zuerst die Hauptlektionen Mitgefühl, Vergebung, Moral und schließlich Humor zu meistern. Ohne diese äußerst wichtigen Lektionen bleibst du in deiner eingeengten Sicht stecken und kannst Fehler nicht zu wertvollen Lerngelegenheiten wenden.

MITGEFÜHL

*Der Mensch kann sehr mitfühlend und sehr gleichgültig
sein. Er hat die Mittel in sich, ersteres zu fördern und über
letzteres hinauszuwachsen.*

Norman Cousins

Mitgefühl entsteht, wenn du dein Herz aufschließt. Eine mitfüh-
lende Haltung heißt, der Welt mit unversehrter Kontaktfähig-
keit zu begegnen und ohne Barrieren, mit denen du deine
Gefühle abschottest. Mitgefühl ist der emotionale Kitt, der dich
in der allgemeinen menschlichen Erfahrung verankert und mit
deinem und dem Wesenskern deiner Mitmenschen verbindet.

Wir gehen nicht alle ständig mit weit offenem Herzen durch
die Gegend. Täten wir das, wären wir bald überwältigt und
wären seelisch gefährdet. Sähe ich bei den allabendlichen Nachrichten im Fernsehen mit offenem, ungeschütztem Herzen zu,
würde ich mich wahrscheinlich nie mehr von der Hilflosigkeit
und Hoffnungslosigkeit erholen, die mich infolge der zahllosen
tragischen Ereignisse überwältigten. Manchmal ist es zum
Selbstschutz nötig, die Gefühlsbarrieren zu schließen.

Der Schlüssel zum Erlernen des Mitgefühls liegt darin, sich
dessen bewußt zu werden, daß es in deiner Hand liegt, die
Schranken, die Distanz zwischen dir und anderen schaffen, zu
öffnen oder zu schließen. Du triffst die Wahl, diese Schranken
aufzuheben, wenn du das Herz eines anderen erreichen willst.
Du kannst aber auch beschließen, anderen wenn nötig den
Zugang zu deinem Herzen zu verwehren, indem du Urteile fällst,
die dich vom Beurteilten trennen.

Urteile sind nicht immer negativ. Urteile bewahren dich davor, wie eine ungeschützte, für jede dargebotene Information
offene Membran herumzugehen. Manchmal sortiert das Urteilsvermögen die Meinungen und Gedanken aus, die du von der
Außenwelt annehmen willst, und hilft dir, die für dich stichhal-

tigen darunter herauszuholen. Ohne Urteilsvermögen würden dich Hunderte einander widersprechender Gedanken überfallen, die du nicht voneinander unterscheiden könntest.

Manchmal engen dich Urteile jedoch ein und halten dich davon ab, mitfühlend zu sein, wenn es gerade erforderlich wäre. Wird deine Empathiefähigkeit durch Urteile überrollt, trennst du dich von deiner menschlichen Essenz. Du verschachtelst dich in Selbstgerechtigkeit und legst dem angeborenen Kontaktbedürfnis zu anderen den Riegel vor. Vielleicht glaubst du, besser zu sein als die Beurteilten, aber möglicherweise spürst du auch die einsame Kälte, die eine solche Isolierung dir auferlegt. Das einzige Gegenmittel gegen festgefahrene Urteile ist Mitgefühl.

Das Geheimnis zum Erlangen eines offenen Herzens ist die Bereitschaft, sich mit dem eigenen und dem Wesenskern des Beurteilten zu verbinden. Von dort aus öffnet der Zauberstab des Mitgefühls der zwischenmenschlichen Verbindung jede Tür.

Um die Lektion des Mitgefühls zu erlernen, mußt du zuerst erkennen, wo du einschränkenden Urteilen auf den Leim gegangen bist. Das gelingt am besten, indem du auf deine Atmung achtest. Atmest du oberflächlich oder stoßweise, steckst du höchstwahrscheinlich in einem Urteil fest und solltest es aufgeben. Man kann auch bewußt erkennen, wann Mitgefühl am Platz wäre. Aller Wahrscheinlichkeit nach ist Mitgefühl erforderlich, wenn du mitten in einer Beurteilung lange genug innehältst, um zu überlegen, ob Mitgefühl am Platz wäre. Sonst hättest du nicht daran gedacht.

Wie du bei der zweiten Regel gelernt hast, liegt es ganz bei dir, die angebotenen Lektionen zu lernen oder nicht. Auch hier ist es deiner Umsicht überlassen, ob du dem Mitgefühl die Tür öffnest oder nicht. Entscheidest du dich dafür, muß das Urteil aus dem Kopf in den Gefühlsbereich des Herzens verlegt werden. Dort versuchst du nachzufühlen, wie es sich in der Haut des beurteilten Menschen anfühlen würde. Dort kannst du dich in ihn hineinversetzen. Das verbindet dich mit seinem Wesenskern und löst das Urteil auf, das dein Herz umklammert.

Die Begebenheit, in der meine Freundin Nicki Mitgefühl erlernt hat, ist eines der schönsten Beispiele menschlicher Güte, das mir je zu Ohren gekommen ist. Als Kind wurden Nicki und ihre Freundin auf dem Heimweg von der Schule von einem Mann in einem braunen Auto belästigt. Nicki prägte sich seine Autonummer ein und meldete sie der Polizei, die den Übeltäter stellte und in Gewahrsam nahm. Jahrelang mußte Nicki immer wieder an den Zwischenfall denken.

Als Erwachsene wurde Nicki Sozialarbeiterin. Sie hatte jene Begebenheit aus ihrer Kindheit nie ganz vergessen und daher eine Schwäche für Opfer von Kindesmißbrauch oder Belästigungen. Eines Tages übergab man ihr den Fall eines Sexualverbrechers zur Rehabilitation. Zu Nickis Entsetzen war es derselbe Mann mit dem braunen Auto, der fünfzehn Jahre später noch immer dieselben Untaten beging.

Sogleich wurde Nicki von Urteilen überwältigt. Sie erinnerte sich an die Scham und den Zorn, die sie jahrelang empfunden hatte, und Haß gegen diesen Mann stieg in ihr auf. Sie konnte immer noch kaum glauben, daß irgend jemand eine so schändliche Tat begehen konnte, und dachte nicht daran, dem Mann, der für ihre schrecklichen Erinnerungen verantwortlich war, irgendwie zu helfen.

Mitten in ihrer Verurteilung wurde Nicki etwas Wichtiges klar: Dieser Mann steckte wirklich in der Klemme und brauchte Hilfe. Es war zwar eine der schwierigsten Entscheidungen ihres Lebens, aber Nicki beschloß, dem Mann ihr Herz aufzuschließen und ihm bei seiner Genesung zu helfen. Sie nahm Kontakt zu dem Teil in sich auf, der wußte, daß alle – auch sie – manchmal unangemessener Handlungen fähig sind. Indem sie Kontakt zu ihrem Wesenskern aufnahm, stellte sie sich vor, welchen Schmerz dieser Mann durchlitten haben mußte, der ihn auf diese Weise handeln ließ. Und als sie sich in seine

Situation versetzte, konnte sie aufhören, zu urteilen, und ihr Mitgefühl zulassen.

Mitgefühl ist auch dann erforderlich, wenn du dich selbst zu streng beurteilst. Hast du in deinen Augen einen Fehler begangen, dich auf eine Art und Weise verhalten, auf die du nicht gerade stolz bist, oder bist du deinen eigenen Erwartungen nicht gerecht geworden, baust du höchstwahrscheinlich eine Schranke zwischen deinem Innersten und demjenigen Teil auf, der angeblich der Übeltäter war. Dadurch läßt du einen Graben mit genügend Platz für strenge, selbstkritische Gedanken entstehen. Doch dieses Hindernis engt dich nicht weniger ein und ist nicht weniger zerstörerisch als eine Schranke zwischen dir und anderen.

Gerade dann solltest du bewußt dein Herz dir selbst gegenüber öffnen und Mitgefühl walten lassen. Das Mitgefühl öffnet die Tür zur Vergebung und läßt dich Beurteilungen aufgeben, die nur der Selbstverachtung dienen.

Welche Urteile hast du zu überwinden, um die Lektion des Mitgefühls zu erlernen?

VERGEBUNG
Irren ist menschlich, Vergeben göttlich.

Alexander Pope

Vergebung löscht eine emotionale Schuld aus. Auf dem Weg vom Mitgefühl zur Vergebung hast du dein Herz bereits geöffnet und bewußt und überlegt deinen Groll aufgegeben. Vergangenes Tun als Fehler wahrzunehmen, beinhaltet Schuld und Tadel. Durch Schuldzuweisungen aber lernt man nichts Sinnvolles.

Es gibt vier Arten von Vergebung. Die erste ist die Anfängervergebung dir selbst gegenüber. Neulich habe ich mich in der New Yorker U-Bahn verirrt. Ich kam zu spät zu einer Verabredung mit einer Freundin, die nahezu eine Stunde im eiskalten Regen auf mich warten mußte. Ich kam mir schrecklich vor und wollte gerade über mich herziehen, als ich zum letzten Mal umstieg, um endlich zu unserem Treffpunkt zu gelangen. Plötzlich ging mir auf, daß ich unter den gegebenen Umständen mein Bestes tat. Ich dachte daran, wie wertvoll Mitgefühl sich selbst gegenüber ist und entschuldigte mich aufrichtig bei meiner Freundin, als ich endlich bei ihr war. Dann dachte ich nicht mehr darüber nach.

Die zweite Vergebungsart ist die Anfängervergebung jemand anderem gegenüber. Sie kommt zum Zug, wenn du jemandem ein kleineres Vergehen verzeihen möchtest. Die Freundin, die im Regen auf mich wartete, hätte sich ärgern und wütend auf mich sein können. Statt dessen nahm sie meine Entschuldigung mit einem Lächeln an, und die momentane Unstimmigkeit war vergessen. Als ich sie fragte, wie sie mir so rasch hatte vergeben können, meinte sie, sie habe ja gewußt, daß ich sie nicht absichtlich habe warten lassen. Sie habe sich auch schon in der U-Bahn verirrt und in meine Lage versetzen können. Trotz einer anfänglichen Gereiztheit wußte sie, daß sie nur Energie vergeuden und mir noch mehr Schuldgefühle einflößen würde, wenn sie sich weiter ärgerte. Deshalb beschloß sie, mir lieber zu vergeben.

Vielleicht wehrst du dich gegen diese Lektion, weil es sich manchmal gut anfühlt, andere um ihrer Fehler willen anzuprangern. Auf jemanden herabzusehen und sauer auf ihn zu sein, wenn er dir unrecht getan hat, verleiht dir ein gutes Gefühl der Rechtschaffenheit. Unmut verzehrt allerdings viel Energie. Weshalb also wertvolle Energie vergeuden, um Wut und Schuld zu verlängern, wenn die Energie viel wichtigeren Zielen dienen könnte? Gibst du Unmut, Schuld und Zorn auf, hast du mehr Energie und machst Platz für das Wachstum deiner Seele.

Die dritte Art von Vergebung ist die Fortgeschrittenenvergebung sich selbst gegenüber. Sie kommt bei schweren Verstößen zur Anwendung, derer du dich zutiefst schämst. Handelst du deinen eigenen Wertmaßstäben und der eigenen Moral zuwider, öffnest du einen Graben zwischen Werten und Verhalten, der deine Integrität in Gefahr bringt. Sich dafür zu vergeben, erfordert harte Arbeit an sich, damit sich dieser Graben schließt und du mit dem Besten in deinem Inneren wieder im Einklang bist. Ich will damit nicht sagen, daß du die Stimme deines Gewissens übertönen solltest, indem du dich zu vergeben beeilst, ohne es zu bedauern oder zu bereuen. Hingegen ist es ungesund, sich länger in solchen Gefühlen zu suhlen. Dich weiterhin zu bestrafen, macht den Graben zwischen dir und deinen Moralvorstellungen nur noch größer, und je breiter der Graben, desto wahrscheinlicher wiederholst du das unannehmbare Verhalten. Denk daran: dein Gewissen ist nicht dein Feind. Es ist da, um dich an deinen Weg zu erinnern und daran, daß du deinen Werten gemäß handeln sollst. Stell einfach fest, welches Gefühl es in dir erzeugt, lerne die Lektion und geh weiter.

Die letzte und vielleicht schwierigste Vergebungsart ist die Fortgeschrittenenvergebung anderen gegenüber. Ich kenne keinen Menschen, der nicht irgendwann in seinem Leben so verletzt wurde oder ein solches Unrecht erlitt, daß ihm Vergebung unmöglich erschien. Groll und Rachephantasien verstärken aber das Opfergefühl. Erst Vergebung löscht die Missetat aus und zieht einen Schlußstrich darunter.

Im Alter von 45 Jahren wurde Margo von ihrem Mann sitzengelassen. Nach zwölf Jahren Ehe hob er alles Geld vom Bankkonto ab, holte alles aus dem Safe und ging mit einer anderen Frau auf und davon. Nicht nur war Margos Herz zutiefst getroffen, sie war zudem auch in großer Bedrängnis und Angst, weil sie weder eine Ausbildung abgeschlossen noch Mittel für ihren Unterhalt gespart hatte. Sie verabscheute ihren Mann in einem Ausmaß, das sie nie für möglich gehalten hätte.

Es dauerte drei Jahre, bis Margo ihr Leben wieder in der Hand hatte. Sie lieh sich Geld von ihrer Schwester aus, besuchte einen

Kurs als Hypothekenmaklerin und machte sich danach selbständig. Inzwischen ist Margo sehr erfolgreich und weiß, daß sie
etwas erreicht hat. Zwar trauert sie immer noch um den Verlust
ihres Mannes, aber ohne den tiefen Haß, der sie so lange
beherrscht hat.

Schließlich konnte Margo ihrem Mann auch vergeben, als sie
sich vom Opferdasein verabschiedete und sich zwang, alles in
einem größeren Rahmen zu sehen. Statt sich auf ihre Wut zu
konzentrieren, erkannte sie die Wachstumschance in ihrer Situation. Rückblickend war das Ganze eine wertvolle Lernerfahrung
gewesen. Schließlich hätte sie ohne die scheinbare Tragödie ihre
eigene Stärke nie entdeckt und auch nie die fortgeschrittene
Vergebung gelernt.

Zusammenfassend noch einmal die vier Vergebungsarten und
wie man eine jede meistert:

1. Anfängervergebung dir gegenüber: Übe Mitgefühl und bedenke, daß du dein Bestes mit den dir gerade zur Verfügung
   stehenden Mitteln getan hast, entschuldige dich, und laß
   das Ganze hinter dir.
2. Anfängervergebung anderen gegenüber: Vergegenwärtige
   dir die Beweggründe des anderen, und versuche zu verstehen, weshalb er das getan hat, zeige Mitgefühl, und laß es
   los.
3. Fortgeschrittenenvergebung dir gegenüber: Versuche zu
   verstehen, weshalb du das getan hast, bring es so gut wie
   möglich in Ordnung, fasse dir ein Herz, und sprich dich
   von deiner Schuld los.
4. Fortgeschrittenenvergebung anderen gegenüber: Laß die
   Verletzung oder Wut voll zu, damit du sie loslassen kannst.
   Betrachte die Situation als notwendigen Schritt auf deinem
   spirituellen Wachstumsweg.

MORAL
Es gibt weder Fehler noch Zufälle. Alles, was geschieht, ist
ein Segen, der uns zuteil wird, damit wir daraus lernen.

Elisabeth Kübler-Ross

Du hast nun das, was in deinen Augen ein Fehler war, als Lektion erkannt, dir dafür vergeben, es in Ordnung gebracht und hinter dir gelassen. Dennoch gibt es noch eine Lektion zu lernen: wie wichtig die Moral dabei ist. Die Moral richtet sich nach den Maßstäben von Recht und Unrecht in der Gesellschaft, in der du lebst. Moral ist nichts Allgemeingültiges. Es gibt keine moralischen Richtlinien, die für die Bevölkerung der ganzen Welt gelten. Das, was in der einen Kultur moralisch falsch ist, ist möglicherweise in einer anderen durchaus akzeptabel. Für manche richtet sich die Moral nach der Religion und deren Gesetzen. Bei anderen ergibt sie sich aus dem, was sie in der Schule oder von den Eltern gelernt haben. Die meisten in unserem Kulturkreis sind mit der goldenen Regel aufgewachsen: »Tu anderen, was du möchtest, daß sie dir tun.«

Grundsätzlich ist Moral die Wahl des richtigen oder guten Verhaltens in den Beziehungen zu anderen. Du stärkst dein Unterscheidungsvermögen zwischen Richtig und Falsch unaufhörlich. Zwar haben wir moralische Grundsätze mitbekommen und wissen in unserem Innersten auch, was richtig und was falsch ist. Das Leben versetzt uns aber manchmal in eine Lage, in der das Richtige nicht mehr so klar ist. Das Leben ist kompliziert und voller Grauzonen. In jeder Situation bist du gezwungen, die Wahl zwischen dem einen und anderen zu treffen. Du hast dich beispielsweise in der Schule gefragt, ob es richtig oder falsch sei, deine Freundin bei einer Prüfung abschreiben zu lassen. Vielleicht hatte sie sich wegen Schwierigkeiten zu Hause nicht darauf vorbereiten können. Du wußtest zwar, daß es nicht richtig war, sie abschreiben zu lassen, aber

54

hättest du das nicht getan, hätte sie die Prüfung nicht bestanden und noch mehr Probleme gehabt.

Drückt dein Verhalten deinen inneren Moralkodex aus, bist du in Einklang mit deinen Moralvorstellungen. Auf diese Weise erlangt der Mensch Integrität. Integrität ist deshalb wichtig, weil du ohne Integrität in dir gespalten bist. Du fühlst dich nicht ganz und bist mit dir uneins.

Du weißt es, wenn du nicht in Einklang mit deinem Moralkodex handelst, weil dich das Gewissen an den Unterschied zwischen dem moralisch Richtigen und deinem Verhalten erinnert. Höchstwahrscheinlich hast du Schuldgefühle oder empfindest Reue, und das weist dich darauf hin, daß die Lektion der Moral für dich ansteht. Ob man dein falsches Handeln bemerkt und du dafür bestraft wirst, spielt dabei keine Rolle. Du weißt instinktiv, ob du etwas Falsches getan hast. Du mußt zwar nur vor dir dafür geradestehen, aber dein Gewissen ist ein mächtiger Lehrer, wenn du darauf hörst.

Antonio liebte seine Frau Cynthia innig. Er war ein hingebungsvoller Ehemann, und ihr harmonisches, verträgliches Zusammenleben war ein Segen.

Als sie an einem Wochenende zur Hochzeit guter Freunde gingen, drohte etwas ihr idyllisches Leben zu zerstören. Antonio stellte fest, daß er sich zu Cynthias Freundin Vivian hingezogen fühlte, und da er sich nicht beherrschen konnte, küßte er sie im Fahrstuhl. Vivian erwiderte den Kuß, und eine Zeitlang lehnten sie eng umschlungen an der Wand. Dann kam Antonio plötzlich zu sich, als hätte man ihm einen Eimer kaltes Wasser über den Kopf geschüttet, löste sich von ihr und rief aus: »Was tu ich da bloß? Es tut mir leid. Ich weiß nicht, was über mich gekommen ist. Ich habe mich immer zu dir hingezogen gefühlt, aber es ist nicht recht. Es tut mir sehr leid.« Ohne zu zögern beschlossen sie, den Zwischenfall so zu behandeln, als sei nichts geschehen. Sie verließen den Aufzug und gingen in ihre Zimmer.

Antonio war erschüttert. Wie konnte er nur so etwas tun? Er

wußte, daß er Cynthia über alles liebte, und war über sein Verhalten zu Tode erschrocken. Voller Scham und Selbstverachtung zerbrach er sich den Rest des Wochenendes den Kopf darüber.

Sonntag abend, als sie im Flughafen auf ihr Flugzeug nach Hause warteten, wurde Antonio immer noch von Schuldgefühlen geplagt. Die innere Spaltung zwischen seinen Moralvorstellungen und seinem Benehmen nagte an ihm, und er konnte seiner geliebten Frau nicht in die Augen sehen. Schließlich beschloß er, sich ihr anzuvertrauen, wohl wissend, daß die Wahrheit zwar seine Ehe zerstören und sein ganzes Leben grundlegend ändern könnte, aber er mußte Cynthia gegenüber ehrlich sein. Als er ihr den Vorfall erzählt hatte, bat er sie inständig, seine Handlungsweise zu entschuldigen und ihm zu vergeben.

Cynthia war schockiert, verletzt und wütend. Nachdem sie sich aber Zeit genommen hatte, sich Klarheit über ihre Gefühle zu verschaffen, hatte sie das Herz, ihm zu vergeben, das Ereignis hinter sich zu lassen und Antonio von seiner Überschreitung freizusprechen. Sie waren beide sehr erleichtert, daß das Fundament ihrer Beziehung fest genug war, um dieser Prüfung standzuhalten.

Obwohl Cynthias Vergebung Antonio erleichterte, mußte er dennoch mit den inneren Folgen seiner mangelnden Integrität fertigwerden. Er hatte gegen seine eigene Moral verstoßen. Zwar hatte er das Geschehene wieder in Ordnung gebracht, aber dennoch würde er sich schließlich selbst vergeben müssen, um den Graben zwischen seiner Moral und Tat zu schließen und sich von Scham und Schuldgefühlen zu befreien. Allmählich wurde Antonio die Schuldgefühle tatsächlich los, aber die Erinnerung, wie schrecklich er sich an jenem Abend im Flughafen gefühlt hatte, blieb ihm eine ständige Warnung, nie wieder von seiner eigenen Moral abzuweichen.

HUMOR
Es ist äußerst wichtig, über sich lachen zu lernen.

Katherine Mansfield

Die Lektion des Humors heißt, Leichtigkeit und Belustigung in Situationen zu entwickeln, die sonst katastrophal ausgehen würden. Willst du die Entbehrungen auf deinem Weg oder deine Ausrutscher als Lektionen statt als Fehler betrachten, ist ein Sinn für Humor äußerst nützlich. Lernst du, über deine Mißgeschicke zu lachen, kannst du eine prekäre Lage unverzüglich zu einer Gelegenheit wenden, etwas über die Absurdität des menschlichen Verhaltens zu lernen, insbesondere deines eigenen.

Humor und Lachen sind auch in Beziehungen außerordentlich wichtig. Mit jemandem von Herzen zu lachen wirkt Wunder. Eine Freundin erzählte mir, ihr Mann habe bei einer Meinungsverschiedenheit einmal ein Gesicht gemacht, das sie so komisch fand, daß sie einfach lachen mußte. Es ging beiden auf, wie dumm sie sich benahmen, und sie konnten miteinander lachen und ihre Meinungsverschiedenheit aus einer neuen Perspektive lösen. Wie Victor Borge sagte, stellt »Lachen die größte Nähe zwischen zwei Menschen« her.

Es ist zur Genüge belegt, wie gesund – sowohl geistig wie körperlich – das Lachen ist. Ein herzliches Lachen löst Spannungen, Streß und schüttet Endorphine im Körper aus, die die Stimmung auf natürliche Weise heben. Norman Cousins beschreibt in seinem Buch *Anatomy of an Illness,* was er alles unternahm, um eine schwere, schwächende Krankheit zu überwinden. Dazu gehörte viel Lachen und Humor. Das Buch ist 1976 in Amerika erschienen und hat den Beifall der Ärzteschaft gefunden.

Lachen bringt das Elend zum Verschwinden. Es zeigt auf, wie man die Dinge leichter und sich weniger wichtig nimmt, und das auch in einer ernsten Lage. Zudem hilft es, eine notwendige neue

Perspektive zu erlangen. Eine junge Frau namens Alisa verbrachte nahezu ein Jahr mit der Planung ihrer Hochzeit. Das Brautpaar lud über 300 Gäste zu einem großzügigen, formellen Bankett in einem prachtvollen Saal ein. Sie wollte, daß alles perfekt sei, und kümmerte sich selbst um alle Einzelheiten bis hin zu den Cocktailservietten.

Der große Tag kam, und alles lief wie am Schnürchen, bis die teure Hochzeitstorte hereingerollt wurde. Ein Rädchen verfing sich in einem Kabel, die Torte flog durch die Luft und landete schließlich als schlabbrige Bescherung aus Schokolade und Zuckerguß mitten auf der Tanzfläche. Alle Gäste hielten den Atem an, sahen gespannt zu Alisa und dachten, sie würde jetzt gleich in Tränen ausbrechen. Zur größten Überraschung aller Anwesenden sah sie sich die Tortenreste an, fing an zu lachen und platzte heraus: »Ich habe doch eine Vanilletorte bestellt!«

Lach also ruhig. Du wirst staunen, wie rasch eine Krise komisch wird, wenn du dem Humor die Tür öffnest.

Vierte Regel

Eine Lektion wird wiederholt,
bis sie gelernt ist

Eine Lektion wird dir in verschiedenen Formen präsentiert, bis du sie gelernt hast. Wenn du sie gelernt hast, kannst du zur nächsten Lektion übergehen.

Hast du auch schon gemerkt, daß sich die Lektionen offenbar wiederholen? Sieht es nicht manchmal aus, als seist du mehrmals mit demselben Menschen in verschiedenen Körpern mit anderen Namen ausgegangen oder verheiratet gewesen? Hast du es nicht immer wieder mit demselben Typ von Vorgesetztem zu tun gehabt? Hast du nicht dasselbe Problem mit mehreren Mitarbeitern?

Erinnerst du dich an den Film *Und täglich grüßt das Murmeltier,* in dem Bill Murray immer wieder am selben Tag erwacht, bis er alles gelernt hat, was dieser ihm zu bieten hat? Im Film geschieht immer wieder dasselbe, bis er endlich »begriffen hat«, was er in jeder Situation tun sollte. Kommt dir das nicht irgendwie vertraut vor?

Lektionen werden so lange wiederholt, bis sie gelernt sind. Als ich am Gymnasium unterrichtete, pflegte ich meinen Schülern zu sagen: »Wenn ihr mit Autoritätspersonen zu Hause nicht klarkommt, könnt ihr es im Leben lernen. Ihr werdet es immer wieder mit Menschen zu tun haben, die ihre Autorität durchsetzen wollen, und so lange gegen sie kämpfen, bis ihr Gehorsam gelernt habt.« Teenager finden meistens, daß ihre Eltern viel zu streng sind. Eine meiner Schülerinnen kam mit 14 Jahren ins Internat. Sie war überrascht, daß ihre Lehrer und die Internatsleiter dieselben Regeln aufstellten wie die Mutter zu Hause und ich in der Schule. Endlich war der Groschen gefallen.

In der Eheberatung stellt man immer wieder fest, daß geschiedene Eheleute fast immer den gleichen Menschentyp wieder heiraten, von dem sie sich eben erst getrennt haben. So erging es auch meiner Freundin Cassidy, einer zwanghaften Perfektionistin, die ein besonderes Talent besaß, sich mit unmöglichen Männern einzulassen. Es war wirklich kein Zufall, daß Cassidy, für die zwei verschiedene Socken ein Greuel und ein zerrissenes Hemd ein Staatsverbrechen waren, sich immer wieder mit schlampig angezogenen Männern einließ. Sie nahm es mit den Manieren äußerst genau, aber ihr letzter Freund hielt seinen Löffel wie Fred Feuerstein einen Trommelschlegel. Erst vor kurzem gab Cassidy zögernd zu, daß diese Männer vielleicht als Lehrer ihren Weg kreuzten, damit sie Gelegenheit bekäme, an ihrem Perfektionismus zu arbeiten.

Du ziehst immer wieder dieselben Lebenssituationen und Lehrer an, die dir eine Lektion so lange beibringen, bis du sie verstanden hast. Du kannst dich von sich ständig wiederholenden schwierigen Mustern und Problemen nur befreien, indem du sie anders betrachtest. Versuche, das Muster darin zu erkennen und die Lektionen, die sie dir bieten, wirklich zu lernen. Zwar kannst du sie zu umgehen versuchen, aber sie holen dich immer wieder ein.

Dich dieser Herausforderung zu stellen, heißt folgende Tatsache zu akzeptieren: Irgend etwas in dir zieht immer wieder denselben Menschentyp oder dasselbe Problem an, wie schmerzlich die jeweilige Situation oder Beziehung auch sein mag. Um mit C. G. Jung zu sprechen, gibt es keine Bewußtwerdung ohne Schmerz. Nun gilt es, dir deiner Lektionen bewußt zu werden, wenn du nicht immer dieselben wiederholen, sondern neue lernen willst.

Die vierte Regel fordert zum Erkennen der sich wiederholenden Muster auf, um sie hinter sich zu lassen. Alle Gruppenleiter und Therapeuten sind sich darin einig, daß dies keine leichte Aufgabe ist, weil man sich dabei verändern muß, und Veränderungen sind in der Regel nicht einfach. Zu bleiben, wie du bist, verhilft dir zu keinem spirituellen Fortschritt, aber es ist bequem, weil es dir vertraut ist. Du hast dir deine Muster vor langer Zeit aus Selbstschutz gebildet. Ein neues, unvertrautes Verhalten auszuprobieren ist unbequem, ganz zu schweigen davon, daß es manchmal auch angst macht.

Sich der Herausforderung zu stellen, die eigenen Muster zu erkennen und abzulegen, zwingt zum Eingeständnis, daß der bisherige Umgang mit den Dingen nicht funktioniert. Das Gute daran ist jedoch, daß man sich sehr wohl verändern kann, sobald die Muster erkannt und abgelegt sind.

In meinen Seminaren führe ich jeweils sechs für jede Veränderung erforderliche Grundschritte an:

1. Gewahrsein: sich des Musters oder Problems bewußt werden,
2. Eingeständnis: zugeben, daß man dieses Muster ablegen muß,
3. Entscheidung: aktiv beschließen, das Muster aufzugeben,
4. Strategie: einen realistischen Plan aufstellen,
5. Sich verpflichten: verantwortungsvoll danach handeln,
6. Feiern: sich für Erfolge belohnen.

Es ist unmöglich, sich dauerhaft zu verändern oder irgendein Muster für immer aufzugeben, ohne diese Schritte zu tun. Damit dir deine Veränderungen leichter fallen, wirst du Gewahrsein, Bereitschaft, die Wirkung von Ursache und Wirkung und Geduld erlernen müssen. Wenn du diese beherrschst, wird es viel weniger bedrohlich für dich sein, deine Muster kennenzulernen und aufzugeben.

GEWAHRSEIN
Nur der Tag dämmert, an dem wir wach sind.

Henry David Thoreau

Gewahrsein heißt vollends bewußt sein. Gewahrsein weitet sich langsam bis in alle Winkel deines Geistes aus, wenn du die Spinnweben darin entfernst, oder es geht dir plötzlich auf, wenn du ein Muster erkennst und dich objektiv zu betrachten beginnst. Egal, wie du dazu kommst, es ist, als gehe dir ein Licht auf, das in die dunklen Schlupfwinkel deines Unterbewußtseins hineinleuchtet. Es ist der erste Schritt, um jede angestrebte Veränderung leichter zu bewerkstelligen.

Gewahrsein ist eine Übung fürs Leben. Jeder Augenblick bietet dir Gelegenheit, wach zu bleiben oder in ein unbewußtes Verhaltensmuster abzugleiten. Man kann mit dem »automatischen Piloten« durchs Leben gehen oder achtsam sein und sich bewußt verhalten. Der Schlüssel zum Erlangen des Gewahrseins liegt darin, dem eigenen Verhalten auf den Grund zu gehen, um diejenigen Glaubenssätze aufzudecken, die eine ständige Wiederholung der Verhaltensmuster verursachen. Hast du die Muster erkannt, kannst du sie mit Hilfe deiner Bereitschaft aufgeben.

Du hast jedesmal Gelegenheit, Gewahrsein zu lernen, wenn du mit deinem Leben unzufrieden bist. Bei jedem Wunsch nach einer Kursänderung und jedem Traum von etwas anderem kannst du nach innen schauen und dich fragen: »Was will ich eigentlich? Welche Veränderung möchte ich?« Die Antwort auf diese Fragen liefert das nötige Gewahrsein, um bei der Veränderung Fortschritte zu erzielen.

Man kann auf unzählige Arten erwachen. Die leichteste Art, in Kontakt mit den inneren Abläufen zu kommen, ist die, auf Gefühle zu achten. Gefühle sind wie Lämpchen auf dem Armaturenbrett des Lebens. Leuchtet eines davon auf, kannst du sicher sein, daß es auf ein inneres Problem aufmerksam macht, mit dem du dich befassen solltest.

Einfach auf das eigene Verhalten zu achten, führt ebenfalls zu Gewahrsein. Siehst du wie ein objektiver Beobachter zu, was du tust, entfernst du den Filter der Selbstbeurteilung und gewährst dir einen Blick auf Verhaltensmuster, die du ständig wiederholst. Siehst du dir in den verschiedensten Situationen zu und bemerkst ähnliche Verhaltensweisen und Reaktionen, hast du den roten Faden in der Hand, der zur erforderlichen Lektion führt.

Meditieren, Tagebuchschreiben, Einzelberatungen und Psychotherapie sind weitere Hilfen zum Erlangen des Gewahrseins. Bei manchen reichen Erinnerungszettel am Badezimmerspiegel. Mir fällt es am leichtesten, wachsam zu bleiben, wenn ich mich mit Menschen umgebe, die ebenfalls auf dem Weg sind und bewußt leben.

Da die Lektionen so lange wiederholt werden, bis sie gelernt sind, und da man Lektionen, derer man sich nicht bewußt ist, nicht lernt, ist es nur verständlich, daß das Gewahrsein gefördert werden muß, will man je Fortschritte auf dem Weg machen. Frage dich also, welche Muster du ständig wiederholst. Vielleicht wunderst du dich, wie offensichtlich sie schon immer waren.

BEREITSCHAFT
Das Leben verlangt nicht, daß wir die Besten seien, sondern nur, daß wir unser Bestes tun.

H. Jackson Brown jr.

Das Geheimnis der Veränderung ist die Bereitschaft dazu. Willst du irgendwelche Fortschritte zu deiner Befreiung aus den Zyklen erzielen, in denen du gefangen bist, gilt es als erstes, das Muster aufzudecken, in dem du feststeckst. Dann kannst du allmählich die alten Verhaltensweisen aufgeben.

Willst du dich ändern, dann *entscheidest* du dich dazu aus dem Bauch und versprichst dir, es durchzuziehen. Glaubst du hingegen, du *solltest* dich ändern, dann *beschließt* du es zwar verstandesmäßig, aber mit dem Beigeschmack, etwas opfern zu müssen. Einem Modetrend, dem Rat von Freunden oder einem Wunsch aus dem Familienverband nachzukommen, ist ein verstandesmäßiger Entschluß. Der eigenen Richtschnur zu folgen, ist eine Herzensentscheidung.

Vielleicht möchtest du etwas ändern, beispielsweise aufhören zu rauchen. Willst du wirklich aufhören, *entscheidest* du dich dafür und *versprichst* es dir. Plagt dich aber bloß der Gedanke, du *solltest* aufhören, dann triffst du möglicherweise den entsprechenden *Beschluß,* hast aber das Gefühl, dabei etwas zu *opfern*.

Oder du glaubst, du solltest regelmäßig Gymnastik treiben. Willst du das wirklich, weil du gesünder oder fitter sein möchtest, dann entscheidest du dich von innen heraus, und es fällt dir leicht, dir die nötigen Stunden freizuhalten. Glaubst du aber, du solltest dich körperlich betätigen, um dich wohler zu fühlen oder besser auszusehen, dann *beschließt* du es halbherzig und hast jedesmal das Gefühl, ein Opfer zu bringen.

Bedenke:
Wollen ist eine Entscheidung und führt zu einem *Versprechen* oder einer *Verpflichtung* dir selbst gegenüber.
Sollen ist ein *Beschluß* und erzeugt ein *Opfergefühl*.

Jedesmal, wenn ich an Bereitschaft denke, fällt mir Karen ein, die zu einem meiner Zeitmanagementworkshops kam. Karen war unglaublich beschäftigt, ständig im Streß und versuchte alles mögliche gleichzeitig zu erledigen. Zwischen den Besorgungen, Anrufen, einem hektischen Beruf und gesellschaftlichen Verpflichtungen war Karen ständig auf Trab und nie pünktlich da, wo sie sein sollte.

Die Familie war sauer, daß Karen keine Zeit für sie hatte, und wenn sie sich Zeit für sie nahm, kam sie jeweils eine Stunde zu spät. Ihr Vorgesetzter rügte sie wiederholt, weil sie zu spät zur Arbeit kam. Ihre Freunde fühlten sich übergangen und ärgerten sich, weil Karens Geburtstagswünsche nie rechtzeitig eintrafen. Karen stand unter dem Riesendruck, etwas daran zu ändern; sie beschloß also, ihre Zeit anders einzuteilen.

Sie besserte sich auch – etwa eine Woche lang. Sie versuchte sich besser zu organisieren, damit alle, mit denen sie zu tun hatte, zufrieden wären. Nur übersah sie dabei etwas Wichtiges – sie *wollte* sich gar nicht ändern. Sie war nicht bereit, den Adrenalinschub aufzugeben, den sie aus dem ständigen Herumsausen bezog. Sie war gerne an mehreren Orten gleichzeitig erwünscht. Dies aufzugeben fühlte sich für Karen wie ein Opfer an. Deshalb verliefen ihre Besserungsversuche im Sande, und sie rutschte wieder in ihr altes Muster zurück.

Als Karen mehrere Monate nach dem fehlgeschlagenen Besserungsversuch zum Workshop kam, war sie physisch erschöpft und psychisch ausgelaugt. Sie konnte es selbst nicht mehr ertragen, so weiterzuleben. Karen mußte zugeben, daß sie sich nicht für andere ändern mußte, sondern um selbst nicht verrückt zu werden. Jetzt war sie bereit, sich zu ändern. Jetzt war es ihre eigene Entscheidung. Sie wollte nicht mehr die erste Stunde jeder Familienfeier verpassen oder morgens durch die Hintertür des Bürogebäudes zur Arbeit schleichen. Dank ihrer Bereitschaft versprach sie sich, ein machbares Tagesprogramm aufzustellen, und bekam schließlich ihr Leben in die Hand.

Frage dich also, wenn du das nächste Mal um eine Veränderung in deinem Leben ringst: »Bin ich denn wirklich bereit, etwas zu ändern?« Wenn es dir nicht gelingt, liegt es höchstwahrscheinlich daran, daß du bloß meinst, du *solltest* dich ändern und gar nicht den dringenden inneren Wunsch dazu hast.

URSACHE UND WIRKUNG

»Actio gleich reactio« – *jeder Kraft entspricht eine Gegen-kraft.*

Isaac Newton

Wenn du das Gesetz von Ursache und Wirkung anerkennst, dann wirst du leicht durchschauen, daß du die Ursache dessen bist, was dir zustößt. Mit anderen Worten geschieht alles, was du in deinem Leben zu dir hinziehst, weil du etwas Entsprechendes in die Welt hinausprojiziert hast. Du ziehst demnach alle deine Umstände selber an und bist dafür verantwortlich. Es ist nicht leicht, die Vorstellung aufzugeben, daß die Umstände einem einfach zustoßen, und statt dessen davon auszugehen, daß sie eintreten, weil man selbst oder das eigene Verhalten sie bewirkt haben. Als unschuldiges Opfer des Schicksals braucht man nicht zuzugeben, daß man im geringsten für das verantwortlich ist, was einem zustößt, und kann sich weiterhin hinter den eigenen Mustern verstecken.

Denk nur an meine perfektionistische Freundin, auf die regelmäßig nachlässig gekleidete Männer flogen. Als wir gemeinsam ihr Muster unter die Lupe nahmen, erwog sie die Möglichkeit, selbst etwas Ungreifbares auszusenden, was für diese Männer attraktiv war. Vielleicht war sie so gut aufgemacht und gepflegt, daß ein schlampiger Mann in ihren Bannkreis gezogen wurde, weil der Gegensatz seine nachlässige Identität verstärkte. Oder vielleicht war es etwas Inneres. Welche Energie auch immer auf diese Männer wirkte, sie mußte am Ende doch zugeben, daß sie die Ursache ihrer Umstände war.

Oder sehen wir uns Andrew an, einen Küchenchef, der wegen unangebrachten Verhaltens aus vier Restaurants entlassen wurde. In jedem Fall behauptete er, die Direktion sei daran schuld, das Management habe es ihm angetan, sein Chef habe ihn in eine Falle gelockt oder man habe ihm nicht genau gesagt, was

66

er zu tun habe. Was Andrew sich jedoch ansehen mußte, war ein Verhaltensmuster, das er ständig wiederholte und dadurch weiterspann. Das soll nicht heißen, daß jede Entlassung ausschließlich ihm anzulasten gewesen wäre. Es ist nur höchst unwahrscheinlich, daß vier verschiedene Restaurants grundlos dasselbe Problem mit ihm haben sollten. Andrew mußte einsehen, daß er selbst eine Rolle bei der Entfaltung seiner Umstände spielte. Erst dann konnte er seine Muster ausfindig machen und sie aufzugeben lernen.

GEDULD

Hab Geduld. Du wirst erkennen, wann es Zeit zum Aufwachen und Weitergehen ist.

Ram Dass

Geduld üben heißt tolerant sein, während man auf ein Ergebnis wartet. Die Lektion der Geduld stellt sich jedesmal, wenn du etwas an dir ändern möchtest. Du erwartest sofortige Resultate und bist enttäuscht, wenn die ersten Versuche mißlingen. Wer beispielsweise abzunehmen versucht, aber seine Diät nicht einhält, verliert die Geduld mit sich, weil er es nicht schafft, sich an die neuen Eßrichtlinien zu halten. Dann schilt er sich selbst dafür, daß er sein Verhalten nicht ändern kann.

Wie du sicher weißt, ist es nie leicht, sich zu ändern. Also brauchst du für solche Veränderungen viel Sanftheit und Geduld mit dir selbst. Wachstum ist ein langsamer, mühseliger Prozeß. Geduld verleiht dir die nötige Ausdauer, so zu werden, wie du gerne möchtest.

Ist dir etwa ein Verkehrsstau ein absolutes Greuel, wäre es höchstwahrscheinlich gut, etwas an der Geduld zu arbeiten. Außerdem bleibst du bestimmt häufiger in einem Stau stecken als andere, die keine Probleme damit haben. Das liegt auch nicht am Humor des Universums. Du beachtest die Verkehrslage einfach mehr als jemand, dem sie gleichgültig ist.

Vergiß nicht: Lektionen werden so lange wiederholt, bis sie gelernt sind. Es braucht nur ein wenig Geduld.

Fünfte Regel

Lektionen lernen hört nie auf

Es gibt keinen Lebensabschnitt, der keine Lektion ent-
hält. Wenn du lebendig bist, gibt es Lektionen zu lernen.

Kommt es dir nicht auch manchmal so vor, als zeigte sich ein
neues Problem, kaum hast du eines gelöst? Ist es dir eben klar-
geworden, was Selbstachtung heißt, bekommst du eine Lektion
in Demut serviert. Kaum hast du begriffen, was es heißt, eine
gute Mutter oder ein guter Vater zu sein, fliegen deine Kinder
aus, und du mußt lernen, sie gehen zu lassen. Heute findest du
heraus, wie wichtig es ist, Zeit für dich zu haben, und morgen
braucht jemand deine Hilfe. Es ist unmöglich, alle Einzelheiten
im Leben unter Kontrolle zu bekommen, weil das Leben täglich
neue Lektionen serviert.

Damit hat es auch nie ein Ende, denn solange du lebst, gibt
es etwas zu lernen. Ungeachtet deines Alters, deiner Stellung
oder deines Erfolgs wirst du nie von den Lektionen befreit, die
zu deinem Wachstum nötig sind. Dein Lebensweg bietet ständig
neue Ausblicke, und mit zunehmender Weisheit und Fähigkeit,
mit Problemen umzugehen, bieten sich dir neue Lektionen.
Genaugenommen ist es so, daß du mit mehr Weisheit größere
Herausforderungen leichter annehmen und lösen kannst, weil
deine Problemlösungsfähigkeit entsprechend gewachsen ist.

Vielleicht ist es auch eine Erleichterung, sich darüber klarzu-
werden, daß man das Leben eigentlich gar nie meistert und das

Streben danach nur zu Frustration führt. Am besten strebt man danach, die Art und Weise zu meistern, *wie* man mit seinen Erfahrungen im Leben umgeht. Das Leben ist eine Ganzjahresschule ohne Abschluß; der Lernprozeß an sich macht das Leben lebenswert.

Die fünfte Regel erfordert, die Rolle als ständiger Lebensschüler anzunehmen. Das heißt, die Vorstellung zuzulassen, daß du nicht alles weißt, was du wissen solltest, und es auch nie wissen wirst. Zudem heißt das, dein Ego davon zu überzeugen, daß Schüler zu sein dich nicht minderwertig macht. Eigentlich eröffnet das Schülersein ungeahnte Möglichkeiten, die andere gar nicht wahrnehmen, die diese Rolle nicht übernehmen wollen.

Um sich dieser Herausforderung zu stellen und die Rolle als ständiger Schüler zu übernehmen, sind die Lektionen Kapitulieren, Sich-Verpflichten, Demut und Flexibilität zu meistern. Ohne diese wichtigen Lektionen kannst du Verstand, Herz und Geist nicht genügend öffnen, um alles aufzunehmen, was das Leben dir beibringen möchte.

Sich-Ergeben
Hingabe nimmt uns keine Kraft, sie macht uns stärker.
Marianne Williamson

Sich ergeben heißt, das Ego oder kleine Ich zu transzendieren und die Kontrolle aufzugeben. Ergibst du dich und nimmst deine Lektionen so an, wie sie sich dir stellen, erlaubst du dir, mit dem Rhythmus des Lebens mitzugehen, statt dagegen anzukämpfen. Die Höhen und Tiefen auf deinem ureigenen Weg lassen sich leichter überwinden, wenn du dich ihnen ergibst.

Der Schlüssel, Frieden mit der Rolle als ewiger Student zu schließen, liegt in der Hingabe an das, was *ist,* anstatt zu versuchen, etwas zu schaffen, was deiner Ansicht nach sein *sollte.* War Widerstand in deinem Leben immer wieder ein Problem, gehört Ergebung bestimmt zum Lehrplan. Gehörst du zu den Menschen, die alles auf ihre eigene Weise tun müssen oder ein starkes, starrsinniges Ego haben, erscheint es dir wohl wie eine Niederlage, dich zu ergeben. Sich zu ergeben ist aber nur im Krieg eine Niederlage. Im Leben bedeutet es, etwas zu transzendieren.

Das soll nicht heißen, daß du passiv sein und das Leben einfach dir zustoßen lassen sollst. Lerne lieber in Situationen aufzugeben, über die du sowieso keine Kontrolle hast. Witzigerweise schrieb ich gerade an diesem Kapitel, als mir einer jener fatalen Computerfehler passierte und ich 12 Seiten verlor. Als der Bildschirm plötzlich schwarz wurde, wußte ich, daß es eine Prüfung war. Ich hatte die Wahl: Mich entweder wegen der verlorenen Seiten furchtbar aufzuregen oder einfach klein beizugeben, die Tatsache zu akzeptieren, daß sie weg waren und von vorne zu beginnen. So oder so *blieb sich die Tatsache gleich,* ob ich mich nun damit abfand oder nicht. Die Seiten waren weg, ob ich es akzeptierte oder mich ärgerte. Natürlich wäre es mir lieber gewesen, wenn ich die vielen Arbeitsstunden nicht verloren hätte. Aber ich konnte nicht das Geringste tun, also ließ ich die Aufregung links liegen, machte einen Spaziergang, um einen klaren Kopf zu bekommen, kehrte nach Hause zurück und schrieb die verlorenen Seiten neu.

Gibst du dich der Tatsache hin, daß das Universum immer wieder Lektionen für dich bereithält, hörst du damit auf, den göttlichen Plan voraussehen zu wollen. Du wirst dich wundern, wieviel leichter das Leben ist, wenn du keinen Widerstand mehr leistest und alles kontrollieren willst, sondern auf den Wellen zur Erfüllung deines Schicksals reitest.

Sich-Verpflichten

Unsere größte Schwäche ist, daß wir aufgeben – der sicher-
ste Weg zum Erfolg besteht darin, es nochmals zu versu-
chen.

Thomas Edison

Dich zu verpflichten heißt, dich etwas oder jemandem zu widmen und dabeizubleiben, was auch immer geschehen mag. Gute Studenten sind ein leuchtendes Beispiel im Bereich der Verpflichtung. Sie haben sich ihrem Studienzweig mit Haut und Haar verschrieben und widmen ihm alle nötige Zeit und Energie, um darin zu glänzen. Nimmst du deine Rolle an und schreibst dich für dieses Studium ein, dann mußt du dich dir und dem Universum gegenüber verpflichten und dir versprechen, alle deine Lektionen zu lernen und zu meistern.

Die Verpflichtung zeigt sich auf dem Lebensweg als Lektion, wenn es dir schwerfällt, Entscheidungen zu treffen oder zu getroffenen Entscheidungen zu stehen. Es fängt etwa damit an, daß du dich nicht entscheiden kannst, welche Sorte Eiskrem du möchtest, wenn deine Freizeitgestaltung zu einem wahren Dilemma wird und du zu allem Überfluß auch nicht weißt, wo du wohnen möchtest. Hast du die Lektion nicht gelernt, bis du erwachsen bist, zeigt sie sich vielleicht auch in der Unentschlossenheit, jemanden zu heiraten, mit dem du acht Jahre lang ausgegangen bist. Zerbrichst du dir 20 Minuten den Kopf darüber, ob du ein Thunfischsandwich mit Roggen- oder Weizenbrot möchtest, dann steht die Lektion des Sich-Verpflichtens eindeutig für dich an.

Molly aus Florida war schon sechs Jahre lang Witwe und hatte allein gelebt, als sie beschloß, nach einem neuen Partner zu suchen. Mit ihren 75 Jahren ging sie also zum erstenmal seit 50 Jahren wieder mit jemandem aus. Doch statt zu glauben, sie brauche in ihrem Alter nichts Neues mehr zu lernen, versprach sie sich begeistert, sämtliche neuen Lektionen zu lernen, die für alle Menschen wichtig sind, die miteinander ausgehen wollen. Rief sie ein Mann, den sie mochte, nach ihrem ersten Treffen nicht mehr an, mußte sie sich die Lektion der Selbstachtung vornehmen. Lernte sie jemanden kennen, der grob zu ihr war, galt es, sich die Lektion Mitgefühl zu vergegenwärtigen. Zog sie immer wieder Männer an, die keine feste Beziehung eingehen wollten, hatte sie die Lektion von Ursache und Wirkung zu wiederholen. Die Verpflichtung sich selbst gegenüber, ständig weiterzulernen, machte ihr Mut, und schließlich lernte sie den 78jährigen ehemaligen Versicherungsvertreter Morty kennen, der wie sie Golf und chinesisches Essen mochte. Es freut mich sehr, daß Molly und Morty zur Zeit ihre Hochzeit planen.

DEMUT
Wenn du auf dem Gipfel angekommen bist, beginnt der Anstieg.

Kahlil Gibran

Ein demütiger Mensch vertraut bescheiden auf sein Verdienst und kennt seine Grenzen. Glaubst du, alles gesehen zu haben oder zu wissen – »Kenn ich schon, hab das schon gemacht . . .« –, dann wittert das Universum Arroganz und verpaßt dir eine gehörige Portion Demut. Gib die Idee ruhig auf, je so erleuchtet zu sein, daß du nichts mehr zu lernen hast. Zenmeister wissen, daß das Lernen auch für sie nie endet.

Demut ist eine unangenehme Lektion, weil sie gewöhnlich Verlust oder eine Art von Untergang mit sich bringt. Das Universum liebt das Gleichgewicht. Wenn also ein aufgeblasenes Ego Höflichkeit und Geduld ignoriert, holt es das Ego mit Hilfe von Demut auf den Boden zurück. Obwohl sich der Schlag zum gegebenen Zeitpunkt wie eine Verletzung anfühlt, ist er eigentlich einfach ein Schubser der höheren Mächte, um dich wieder ins Gleichgewicht zu bringen.

Es gibt Menschen, die im Leben so erfolgreich sind, daß der Erfolg für sie selbstverständlich wird und sie erwarten, daß sich alles automatisch nach Wunsch entwickelt. Werden sie jedoch hochmütig und verlieren die Geduld und Höflichkeit, kommt Arroganz auf, und Demut ist der nötige Lernschritt. Genau das geschah Will.

Der ausnehmend gut aussehende, braungebrannte, sportliche Will mit seinem klaren Blick kleidete sich wie ein Modehengst und sah auch so aus. Alles fiel ihm zu, und alles, was er unternahm, gelang ihm. Mit Charme, Intelligenz und seinen sonstigen Gaben führte er ein gutgehendes Geschäft, und Erfolg gehörte einfach dazu.

Als ihm eines Tages mit einem Prozeß gedroht wurde, ging Will davon aus, daß sich die Sache ebenso leicht wie alles andere in seinem Leben erledigen würde und machte sich weiter keine Gedanken darüber. Doch sollte es nicht so kommen. Der Prozeß endete mit der Liquidierung seiner Firma. Danach suchte er monatelang Arbeit, aber niemand wollte ihn einstellen. Er geriet in finanzielle Schwierigkeiten, versäumte Zahlungstermine, und schließlich war der Bankrott die einzige Lösung. Will konnte nicht verstehen, weshalb sein »Zauber« nicht mehr wirkte. Nach sieben Jahren in verschiedenen keineswegs zauberhaften Anstellungen nahm er sich endlich die Lektion Demut vor.

Als Will mich aufsuchte, konnte er es immer noch nicht fassen, daß soviel Unglück einen »perfekten Menschen« wie ihn hatte treffen können. Er mußte lernen, daß er zwar großartige Gaben hatte, die seiner arroganten Haltung wegen jedoch verkümmerten. Er behandelte andere, die seine Gaben nicht besaßen, herablassend von oben herab, war ungeduldig mit ihnen, gelangweilt und beurteilte sie als unwert oder dumm. Also setzte ihm sein Lehrplan die Lektion der Demut vor. Allmählich verstand Will, weshalb das Leben ihm so viele harte Demutslektionen vorgesetzt hatte. Zuerst hatte er seine liebe Not damit, aber schließlich begriff Will seine Situation, verpflichtete sich, zu lernen, was es zu lernen gab, und seine Umstände wendeten sich zum Besseren.

Sei stolz auf dich und auf deine Leistungen. Bist du aber insgeheim arrogant oder eitel, dann denk an die Lektion der Demut, bevor dich das Universum dazu bringt. Dann ist es viel weniger schmerzlich.

FLEXIBILITÄT
Sich bessern heißt sich ändern; vollkommen sein heißt sich immer wieder ändern.

Winston Churchill

Flexibilität heißt, sich veränderten Umständen anpassen zu können. Im Verlauf deines Lebens wirst du immer wieder versucht sein, an deinen Gegebenheiten festzuhalten. Sie sind jedoch nur ein vorübergehendes Stadium, das stets wieder zur Vergangenheit wird. Es ist außerordentlich wichtig, sich flexibel jedem neuen Umstand anpassen zu können, weil man sonst die neuen, befreienden Möglichkeiten gar nicht sieht.

Willst du deine Rolle als Lebensschüler wirklich annehmen, solltest du die Fähigkeit pflegen, immer wieder rasch den Schritt vom »Wissen« zum »Nichtwissen« tun zu können; damit wirst du immer wieder von einem Meister zum Schüler. Anders ausgedrückt, lernst du flexibel zu sein, indem du mit allem mitgehst, das auf dich zukommt, anstatt an augenblicklichen Gegebenheiten festzuhalten.

Voraussetzungen verändern sich mit der Zeit. Das solltest auch du tun. Vielleicht findet eine Umstrukturierung in deiner Firma statt, mit der du dich zurechtfinden mußt. Oder dein Partner verläßt dich, und du mußt damit fertig werden. Die

Technologie macht Fortschritte und ändert sich ständig, und wenn du nicht ständig lernst und dich anpaßt, wirst du womöglich zum Dinosaurier. Flexibilität hilft dir, auf alles gefaßt zu sein, was dich hinter jeder Lebenskurve erwartet, anstatt die Augen davor zu verschließen.

Die Schweizer Uhrenindustrie war von 1900 bis 1967 weltweit führend. Als die Schweizer 1967 die Digitaluhr patentieren ließen, zogen sie dieser dennoch die traditionellen Kugellager, Zahnräder und Federn vor, die sie jahrzehntelang zur Uhrenherstellung verwendet hatten. Zum Schaden der Schweizer, denn die Welt war für diesen Fortschritt bereit. Die japanische Firma Seiko übernahm das Digitaluhrenpatent und wurde praktisch über Nacht zum führenden Uhrenhersteller der Welt. Von den 67 000 Schweizer Uhrenfirmen mußten 50 000 schließen, weil sie die neue Technologie nicht übernehmen wollten. Erst Jahre später hatte die Schweiz wieder aufgeholt und sich mit der »Swatch« einen Platz auf dem Weltmarkt zurückerobert.

Lerne, flexibel zu sein, dann kannst du die Kurven auf deinem Lebensweg viel leichter nehmen.

Sechste Regel

»Da« ist nicht besser als »Hier«

*Wenn dein »Da« ein »Hier« geworden ist, bekommst du
ein anderes »Da«, das wiederum besser aussieht als »Hier«.*

Viele glauben, sie wären dann glücklich, wenn sie ein bestimmtes Ziel erreicht haben, das sie sich gesetzt haben. Manche haben
vielleicht vor, Millionär zu werden, andere wollen die lästigen
fünf überschüssigen Kilo loswerden, und noch andere wünschen
sich einen Seelenpartner. Es könnte sich auch darum handeln,
eine bessere Stelle zu finden, ein schöneres Auto zu haben oder
eine Traumkarriere zu machen. Was immer dir ins Auge sticht,
du bist sicher, daß du den langersehnten Frieden haben wirst,
wenn du dein Ziel erreicht hast. Dann wirst du endlich erfüllt,
glücklich, großzügig, liebevoll und zufrieden sein.

Meistens ist es jedoch so, daß du immer noch unzufrieden
bist, wenn du »da« angekommen bist; dann rückst du deine
Wunschvorstellung einfach weiter in die Zukunft. Aber indem
du ständig einem Wunsch nachjagst, kannst du gar nicht schätzen, was du gerade jetzt hast. Denk nur an die vielen Male, als
du sagtest »Ich bin erst zufrieden sein, wenn . . .« und frage
dich, ob du tatsächlich zufriedener warst, als du dein damaliges
Ziel erreicht hattest? Vielleicht einen kurzen Augenblick lang,
aber dann hat sich das Verlangen wieder bemerkbar gemacht,
und du bist zu einem neuen Ziel aufgebrochen.

Läufst du aber ständig in der Schlaufe des Verlangens weiter, bist du nie in der Gegenwart da. Du lebst am Ende an irgendeinem Punkt in der Zukunft, den du noch nicht erreicht hast. Doch steht dir nur ein Augenblick zur Verfügung – der jetzige, gerade hier. Wenn du dieses »Hier« überspringst, um »dahin« zu gelangen, versagst du dir alle Gefühle und Empfindungen, die du nur gerade jetzt erfahren kannst.

Die sechste Regel fordert dich auf, in der Gegenwart zu leben. Seit Anbeginn der Zeit haben alle spirituellen Lehrer mit der Frage gerungen, wie man im Augenblick lebt. Diese Frage hat in der heutigen Welt eine besondere Bedeutung bekommen, weil uns in dieser Welt ständig mehr Ruhm, Schönheit, Berühmtheit oder Reichtum vorgegaukelt werden und wir mit unerreichbaren Bildern überhäuft werden, wie wir uns entwickeln sollten.

Wichtig ist die Einsicht, daß Menschsein heißt, mit dem uralten Drang aufzuräumen, über die Hecke in Nachbars Garten zu schielen. Einerseits machen Träume und Ziele das Leben spannend. Sie treiben dich voran und halten deine Leidenschaften am Leben, ganz zu schweigen davon, daß sie die Entwicklung der Gesellschaft ermöglichen.

Andererseits hindert dieser Drang dich jedoch höchstwahrscheinlich immer mehr daran, das Leben gerade jetzt zu genießen. Sich Ziele setzen zu können ist in der Schule, beim Studium, in der Arbeit und auch im Privatleben eine notwendige Gabe. Auch ist es keineswegs verkehrt, die eigenen Umstände verbessern zu wollen. Nur sollten wir uns auf die Gegenwart konzentrieren, auf das, was wir gerade jetzt haben, und dabei gleichzeitig ein künftiges Ziel im Auge behalten.

Das Geheimnis liegt darin, auf dem Seil zwischen dem Leben im Hier und Jetzt und den Zukunftsträumen und Herzenswünschen zu balancieren. Lernt man die Lektionen der Dankbarkeit, des Nicht-Anhaftens, des Überflusses und des Friedens, kommt man dem Leben in der Gegenwart näher.

DANKBARKEIT

Wenn du das Hier und Jetzt nicht mehr mit dem ver-
gleichst, was du möchtest, kannst du genießen, was gerade
ist.

Cheri Huber

Dankbar sein heißt, für das erkenntlich zu sein und das zu
schätzen, was du hast und wo du dich gerade auf deinem Weg
befindest. Dankbarkeit erfüllt das Herz mit dem Hochgefühl,
mit vielen Gaben gesegnet zu sein, und läßt dich alles, was dir
auf dem Weg begegnet, voll und ganz schätzen. Indem du dich
möglichst auf jeden Augenblick konzentrierst, erlebst du das
wunderbare »Hier«.

Mein Freund Martin beklagte sich immer wieder über Los
Angeles, wo er drei Jahre lang an seiner Dissertation schrieb. Er
schimpfte unaufhörlich über den Smog, den Verkehr und die
hohen Lebenshaltungskosten. Martin war überzeugt, das Leben
werde viel rosiger sein, wenn er endlich in eine andere Stadt
ziehen würde.

Wenige Wochen nach Abschluß seines Studiums und der
Promotion packte Martin seine Siebensachen und zog nach
Boulder. Einige Monate nach dem Umzug begann er, sich über
die Kälte zu beklagen und darüber, wie langsam alles vor sich
gehe, wie schwierig es zudem sei, ein standesgemäßes Haus zu
finden. Plötzlich tat es ihm leid, daß er sich nie über die Sonne
und das spannende Leben in Los Angeles gefreut hatte. Bei
unserem letzten Gespräch deutete ich an, jetzt habe Martin
vielleicht Gelegenheit, Dankbarkeit zu lernen und die Pracht der
neuen Stadt zu sehen, statt sich auf ein anderes »Da« zu konzentrieren.

Dankbarkeit ist eine Lektion, die immer wieder geübt werden
muß. Allzuleicht übersieht man die Gaben, die man hat, wenn
man sich auf diejenigen konzentriert, die man irgendwann

einmal erhofft. Außerdem schmälert man den Wert des Ortes, an dem man eben gerade ist, wenn man sich nicht immer wieder die Mühe macht, ihn zu würdigen.

Es gibt viele Arten, dankbarer zu werden. Nachfolgend einige Vorschläge, die du vielleicht ausprobieren könntest:

- Stell dir vor, wie dein Leben aussähe, wenn du dein ganzes Hab und Gut verlörest. Das würde dich bestimmt wie George Bailey in Frank Capras Film *Ist das Leben nicht schön?* daran erinnern, wie wichtig es dir doch ist.
- Mach jeden Tag eine Liste von allem, wofür du dankbar bist, damit du dir täglich dessen bewußt bist, wie gut es dir doch geht. Tu das besonders dann, wenn du meinst, es gäbe nichts, wofür du dankbar sein könntest. Oder nimm dir vor dem Einschlafen etwas Zeit, für alles zu danken, was du hast.
- Nimm dir Zeit, anderen zu helfen, denen es weniger gut geht, damit du einen Blick für Proportionen bekommst.
- Suche das Gute in jeder Herausforderung.

Auf welche Weise du im einzelnen Dankbarkeit lernst, ist unerheblich. Dabei zählt nur, daß du in deinem Bewußtsein Raum für die Würdigung all dessen schaffst, was du gerade besitzt, damit du jetzt froher wirst.

NICHT-ANHAFTEN
Das Schwierigste ist wohl zu lernen, nicht am Ergebnis des eigenen Tuns zu hängen.

Joan Borysenko

Nicht-Anhaften bedeutet, daß wir unsere Bedürfnisse oder Erwartungen loslassen können und uns nirgends auf ein bestimmtes Ergebnis angewiesen fühlen. Das ist für die meisten eine der schwierigsten Lektionen. Wir hängen sehr daran, wie sich etwas unserer Ansicht nach ergeben sollte und tun alles, um die Umstände unseren Wünschen entsprechend hinzubiegen. Das Leben hat aber meistens seine eigenen Pläne, und wir leiden zwangsläufig, wenn wir nicht damit aufhören, die Dinge genauso haben zu wollen, wie wir es uns denken. Nicht-Anhaften lernen wir, wenn es uns gelingt, die Vorstellung aufzugeben, »da« sei besser als »hier«.

Nicht-Anhaften ist ein Grundpfeiler des Buddhismus. Jahrhundertelang hat die buddhistische Lehre darauf hingewiesen, daß Wünsche eine Hauptursache für das Unglücklichsein sind – der Wunsch nach einem Menschen, nach materiellen Dingen, nach Geld oder Rang. Wünsche erzeugen Anhaftungen. Wir hängen an einem Menschen, an Geld, an unserem neuen Auto, an der Stellung als erster Vizepräsident. Aber am Ende gehen auch die Dinge vorbei, an denen wir hängen. Wir wenden viel Zeit und Energie dafür auf, und sie hindern uns daran, das zu beachten, was im Leben wirklich wichtig ist. Wünsche zu hegen bringt Unzufriedenheit und Leid. Der Weg zum Glück besteht darin, Wünsche aufzugeben, und Wünsche gibt man auf, indem man Anhaftungen aufgibt.

Nicht an etwas zu hängen heißt nicht, gleichgültig oder distanziert zu sein. Es heißt vielmehr, die Umstände neutral zu beurteilen und hinsichtlich des Ergebnisses unvoreingenommen zu bleiben. Anders ausgedrückt: Es ist nur natürlich und recht, ein Ziel zu verfolgen, beispielsweise ein großes Vermögen anzuhäufen. Der Schlüssel zur Gelassenheit aber liegt darin, nicht am Bild des angestrebten Ziels zu kleben. Dann bist du ungeachtet der Ergebnisse mit deiner Situation zufrieden. Nicht-Anhaften heißt, daß deine Erwartungen hinsichtlich der Entwicklung der Dinge dich nicht in ihrer Gewalt haben und du bereit bist, sie jederzeit aufzugeben.

Will man Anhaftungen aufgeben, erweisen sich folgende Schritte als hilfreich:

1. Stelle fest, was du willst, und gib zu, an welchem Ergebnis du hängst.
2. Stell dir erst das Idealergebnis in deiner Situation vor und dann das Schlimmste, was passieren könnte. Das bringt verborgene Ängste ans Licht, und beide Ergebnisse werden akzeptabel.
3. Nimm dem Universum gegenüber eine klare Stellung ein, und schreibe deine Wunschvorstellung auf, oder formuliere sie laut.
4. Stell dir vor, dein Wunsch und deine Absicht lägen leicht in deiner offenen Hand.
5. Übergib den Wunsch in Gedanken dem Universum, und vertraue darauf, daß das, was dabei herauskommt, für dich richtig ist. Du kannst dir vorstellen, wie du deinen Wunsch in einen Ballon steckst und diesen davonfliegen läßt. Sieh, wie du die Anhaftung losläßt.

Bei einem Wunsch nach finanziellem Erfolg wäre der erste Schritt, dir dieses Wunsches bewußt zu werden und zuzugeben, wie sehr du am Reichwerden hängst. Vielleicht stellst du dir darunter ein leichteres, luxuriöses Leben mit viel Freizeit vor und meinst, Reichtum würde dir ein solches Leben ermöglichen. Sei dir ganz im klaren darüber, was dir die Erfüllung deines Wunsches in deinen Augen bringt.

Geh nun in Gedanken das schlimmste Szenario durch. Was geschähe, wenn du keinen finanziellen Erfolg hättest? Spiel es bis ins schlimmste Extrem durch, das du dir vorstellen kannst, auch wenn es weit hergeholt und irrational erscheint. Das bringt die tiefsitzendsten Ängste und Vorstellungen zum Vorschein, was ihnen wiederum einige Macht nimmt.

Schicke deine Absicht, finanziellen Wohlstand zu erreichen, als bildliche Vorstellung, als Gedanken oder in Worten ins Universum ab, oder schreibe sie auf. Fasse konkret und klar zusammen, was du willst.

Stell dir nun als drittes in Gedanken vor, wie du den finanziellen Wohlstand leicht in deiner offenen Hand hältst.

Gib dann deinen Wunsch an das Universum ab, indem du ihn in einen Ballon steckst und diesen davonfliegen läßt. Bleibe fest und wisse, daß dir letztlich das Beste zustößt, wie immer es ausgehen mag.

Möchtest du gerne heiraten, unternimmst du die folgenden Schritte:

1. Stelle deinen Wunsch nach einem Partner und einer Ehe fest.

2. Gib zu, wie gerne du heiraten würdest. Vielleicht glaubst du, du wärst dann in Sicherheit oder glückselig. Vielleicht meinst du, das Leben fange dann erst richtig an, oder du würdest die Liebe finden, die du dir immer erträumt hast.

3. Stell dir nun den schlimmsten Verlauf der Dinge vor, bei dem sich dein Wunsch nicht erfüllt. Was geschähe, wenn du deinem Seelenpartner nie begegnen und nie heiraten würdest? Spinne diesen Gedanken soweit wie möglich weiter, auch wenn du dich dabei immer nur allein siehst. Hole diese und alle anderen schrecklichen Ängste ans Licht. Das gibt ihnen weniger Gewicht.

4. Formuliere deinen Wunsch nach einer Begegnung und Heirat mit deinem Seelenpartner, stell dir die gewünschte Situation vor, oder schildere sie schriftlich. Gib deine Wünsche klar und direkt an das Universum weiter.

5. Stell dir gedanklich deine Absicht und das Bild deiner Heirat vor. Stell dir vor, daß dieses Bild leicht in deiner offenen Hand liegt.

6. Stell dir weiter vor, wie du dieses Bild losläßt und auch, wie sehr du daran hängst. Du kannst sicher sein, daß das Universum dir alles gibt, was du bezüglich dieses Wunsches für dein Wachstum brauchst.

Achte auf deine Motivation hinter den Anhaftungen. Vielleicht hängst du an Vorstellungen wie Heirat oder Reichtum, weil du glaubst, es würde dir Sicherheit verschaffen. Tatsache ist, daß weder Wohlstand noch das Eheleben ein sorgenfreies Leben garantieren. Möglicherweise bieten sie dir sogar *weniger* Sicherheit. Die Sicherheit kommt von innen, nicht davon, daß man an einem Menschen, einer Sache oder einem Gedanken hängt.

Wichtig ist zudem, daß sich dein Wunsch nicht unbedingt wie erwartet erfüllt, sondern möglicherweise ganz anders. Wenn du beispielsweise Wohlstand erhoffst, gewinnst du vielleicht nicht beim Lotto, sondern kommst indirekt durch ein lukratives Stellenangebot dazu. Sehnst du dich nach einem Seelenpartner, wird dir vielleicht ein wundervoller neuer Freund statt eines Liebhabers geschickt, damit dein Bedürfnis nach Austausch gestillt ist. Halte die Augen nach den Gaben des Universums offen. Sie sind manchmal ganz ungewöhnlich verpackt.

ÜBERFLUSS
Am reichsten ist der Mensch, der mit dem zufrieden ist, was er hat.

Robert C. Savage

Die Angst vor Mangel ist wohl eine der am weitesten verbreiteten menschlichen Ängste. Viele fürchten, nicht genug von dem zu haben, was sie brauchen oder wollen, und deshalb jagen sie einem Tag in der Zukunft nach, an dem sie endlich genug haben werden. Sie machen sich vor, eines Tages sei dann alles in Ordnung, wenn sie das nötige Geld, den erwünschten Besitz, die Liebe, nach der sie sich sehnen, und den angestrebten Erfolg besitzen. Aber ist es dann wirklich genug? Ist irgend jemand je »da« angekommen?

Überfluß heißt, daß hier und jetzt alles möglich ist und es für alle genug von allem gibt. Konzentriert man sich nicht mehr auf eine ferne Zukunft, sondern auf die Gegenwart, sieht man die Reichtümer und Gaben, die bereits da sind. So lernt man, was Überfluß heißt.

Alan und Linda hatten schon immer von einem »schönen Leben« geträumt. Beide stammten aus armen Arbeiterfamilien, hatten jung geheiratet und wollten beide reich werden. Sie arbeiteten jahrelang viel und hart, häuften ein kleines Vermögen an und konnten aus ihrer kleinen Eigentumswohnung in ein schloßähnliches Prachthaus mit sieben Schlafzimmern im vornehmsten Viertel ihres Wohnortes umziehen. Sie setzten ihre ganze Energie daran, alles anzusammeln, was für sie Überfluß bedeutete: Mitgliedschaft im exklusiven Country Club, luxuriöse Autos, Kleider der besten Modeschöpfer und gesellschaftlich angesehene Freunde. Aber egal, wieviel sie auch scheffelten, es war nie genug. Sie konnten die Riesenangst vor Mangel, die beide aus der Kindheit mitgebracht hatten, nicht auslöschen. Sie mußten lernen, was Überfluß heißt.

Dann verloren Alan und Linda beim Börsenkrach 1987 viel Geld. Ein seltsamer, kostspieliger Prozeß riß ein weiteres Riesenloch in ihre Ersparnisse. Eins führte zum anderen, und plötzlich kamen sie finanziell ins Trudeln. Sie mußten Wertpapiere verkaufen, um ihre Rechnungen zu bezahlen, und verloren schließlich auch noch ihre Mitgliedschaft im Country Club, die Autos und das Haus.

Alan und Linda brauchten einige Jahre, um wieder auf die Füße zu kommen. Jetzt leben sie alles andere als extravagant, aber sie haben die Geschehnisse überdacht und kommen sich reich gesegnet vor. Erst jetzt, nachdem sie überschlagen haben, was ihnen geblieben ist – eine solide, liebevolle Ehe, Gesundheit, ein verläßliches Einkommen und gute Freunde –, haben sie erkannt, daß wahrer Überfluß nicht vom Anhäufen kommt, sondern vom Wertschätzen.

Mangelbewußtsein entsteht aus dem, was ich ein »Loch-inder-Seele-Syndrom« nenne. Wir versuchen, die inneren Löcher mit Dingen aus der Außenwelt zu stopfen. Aber genau wie bei Puzzlestücken kann man ein Stück nicht einfügen, wenn es dort nicht hingehört. Man kann unendlich viele Gegenstände, Zuneigung, Liebe oder Aufmerksamkeit bekommen, sie alle können die innere Leere nie füllen. Die Leere verschwindet erst, wenn man nach innen schaut. Dort hat und ist man bereits genug. Erfreue dich also an deinem eigenen inneren Überfluß, dann brauchst du nicht mehr anderswo danach zu suchen.

FRIEDEN
Man braucht nichts anderes zu tun als zu sein.

Stephen Levine

In der Gegenwart zu leben bringt etwas, wonach die meisten Menschen ihr Leben lang streben: Frieden. Dich in den Augenblick hinein zu entspannen, versetzt dich körperlich in Ruhe, macht dich still und friedlich und holt dich schließlich aus der Tretmühle heraus, hier zu sein, aber unbedingt dahin zu wollen. Etwas gerade jetzt zu tun, läßt keine Zeit, sich mit dem Graben zwischen der Realität und den Erwartungen zu beschäftigen oder damit, wo man ist und wo man sein zu sollen glaubt. Man ist zu sehr damit beschäftigt, im Augenblick zu sein, um ihn *analysieren* zu können und für nicht gut zu befinden.

Einer meiner Lieblingsfilme ist *Willkommen Mr. Chance*, in dem Peter Sellers den liebenswerten weisen Idioten Chauncey Gardner spielt. Der einfältige Chauncey lebt nur im Augenblick und nimmt nichts anderes wahr als das, was er gerade vor sich hat. Als er infolge einer seltsamen Schicksalswende aus seinem geliebten Garten, den er nahezu sein ganzes Leben lang gepflegt hat, in die Rolle des Beraters von Präsidenten und mächtigen Geschäftsleuten katapultiert wird, gibt er einfach das Wissen weiter, das er sich bei der Gartenpflege angeeignet hat. Seine einfachen Feststellungen werden als weise Analogien betrachtet und er als einer der größten Denker der Gegenwart gefeiert.

Chauncey ist in seiner Einfachheit in Frieden. Das Leben ist für ihn, dem Vergangenheit und Zukunft nichts bedeuten, einfach und leicht. Er konzentriert sich ausschließlich auf den jeweiligen Augenblick.

Viele Menschen rasen aber durch das Leben und sind ständig nach irgendwohin unterwegs. Fragt man zehn Autofahrer morgens, was sie tun, antworten höchstwahrscheinlich neun davon »Ich fahre zur Arbeit«. Der zehnte, der »ich fahre Auto« sagt, hat die Lektion des Friedens im Jetzt gelernt. Wahrscheinlich kommt er nicht später zur Arbeit als die anderen neun, die sich darauf konzentrieren, wohin sie wollen, statt darauf, wo sie sind. Er aber kann die Fahrt wahrscheinlich sogar genießen.

Ich will damit natürlich nicht sagen, daß du völlig losgelöst von der Vergangenheit und blind für die Zukunft durch das Leben schweben sollst. Nur tut es gut, ab und zu anzuhalten, sich ganz im Augenblick zu verankern und den Frieden zu empfinden, der daraus entsteht.

Siebte Regel

Andere sind reine Spiegel deiner selbst

*Du kannst nicht etwas an einer anderen Person lieben
oder hassen, wenn es nicht etwas reflektiert, das du an
dir selbst liebst oder haßt.*

Schon beim Kennenlernen machst du dir ein Bild von einem
Menschen. In den ersten vier Minuten weißt du, was du magst
und was nicht. Das geschieht anhand von Sinneseindrücken wie
Augenfarbe und Parfüm oder anhand von früheren im Gedächt-
nis gespeicherten Erfahrungen, die du mit dem Betreffenden in
Verbindung bringst.

Dabei ist deine Reaktion auf andere eigentlich nichts anderes
als eine Meßlatte dafür, wie du dich selber siehst. Die Reaktion
auf andere sagt mehr über dich als über andere aus. Du kannst
unmöglich etwas an jemandem mögen oder ablehnen, ohne daß
es etwas spiegelt, das du an dir magst oder ablehnst. Gewöhnlich
fühlen wir uns zu Menschen hingezogen, die uns ähnlich sind,
und mögen diejenigen eher nicht, bei denen uns Seiten auffallen,
die wir bei uns selbst nicht ausstehen können. Wir sehen andere
durch den Raster unserer vergangenen Erfahrungen, Gefühle
und Gedanken. Meistens reden wir uns ein, wir nähmen sie
objektiv und unabhängig von der eigenen Problematik wahr.

Zieh jedoch einmal in Betracht, das Leben so anzusehen, als
spiegelten dir die anderen wichtige Informationen. Gehst du von
dieser Voraussetzung aus, bietet dir jede Begegnung eine Gele-

genheit, deine Beziehung zu dir selbst zu betrachten und etwas daraus zu lernen. Nimm einmal an, die Vorzüge, die du bei anderen magst – Stärken, Fähigkeiten und positive Seiten – seien tatsächlich Merkmale, die du an dir bereits akzeptierst. Dann beleuchten sie nur dein eigenes Selbstwertgefühl.

Umgekehrt könntest du Menschen, die du negativ beurteilst, als Geschenk ansehen, das du bekommst, um zu sehen, was du an dir nicht akzeptierst. Stell dir vor, daß du jedesmal, wenn du dich wegen jemandem ärgerst oder verletzt und gereizt bist, eigentlich Gelegenheit bekommst, einen früheren Ärger, frühere Verletzungen und Gereiztheiten zu heilen. Möglicherweise bietet dir das Erkennen von Schwäche in anderen eine Chance, ihnen liebevoll und mitfühlend die Hand zu reichen. Oder es könnte der perfekte Moment sein, ein unbewußtes Urteil aufzugeben, das du insgeheim dir gegenüber hegst.

Packst du das Leben auf diese Weise an, dann kannst du Menschen, denen du am meisten grollst, und auch solche, die du bewunderst und magst, als Spiegel betrachten. Sie helfen dir, Seiten in dir aufzuspüren, die du ablehnst, und ebenso die besten Eigenschaften in dir anzunehmen.

Die siebte Regel fordert dazu heraus, die eigene Sicht radikal von der Beurteilung anderer oder der Außenwelt zu einer lebenslangen Erforschung des Inneren umzupolen. Die Aufgabe besteht darin, alle Entscheidungen und Beurteilungen über andere sowie alle Projektionen genau zu untersuchen und als Hinweise zur Selbstheilung und Ganzwerdung zu verwenden.

Die siebte Regel erfordert den Umgang mit den Lektionen Toleranz, Klarheit, Heilung und Unterstützung. Wenn wir sie lernen, tun wir einen wesentlichen Schritt in die Richtung, die Wahrnehmung statt auf andere mehr auf uns selbst zu richten.

TOLERANZ

Alles, was uns an anderen aufregt, hilft uns, uns selbst zu verstehen.

C. G. Jung

In der ersten Regel hast du in der Lektion der Akzeptanz alle deine Seiten zu akzeptieren gelernt. Toleranz dehnt diese Akzeptanz nach außen aus. Toleranz heißt, daß du alle Seiten in anderen akzeptieren lernst und ihnen zugestehst, so zu sein und sich auf die jeweils für sie typische, einmalige Weise auszudrücken. Toleranz zu erlernen ist für ein friedliches Zusammenleben mit anderen nötig. Toleranz läßt das Geschwätz des pausenlos in deinem Kopf quasselnden inneren Kritikers verstummen, damit du den alten Rat »Leben und leben lassen!« in die Tat umsetzen kannst.

Ich erinnere mich, wie ich mit 16 Jahren die 57. Straße in New York entlangging und plötzlich zum erstenmal bemerkte, daß eine Stimme in meinem Kopf mit mir redete. Es klang wie ein laufender Kommentar über alles in meinem Blickfeld. Ich hörte, wie sie ohne Unterlaß Eindrücke wiedergab, die meisten davon alles andere als freundlich. Mir wurde klar, daß ich an jedem Passanten etwas zu bemängeln fand und es auch tat. Dann dachte ich als nächstes: »Ist das nicht erstaunlich? Offenbar bin ich der einzige perfekte Mensch im ganzen Weltall, wenn bei allen anderen irgend etwas nicht stimmt.«

Als mir klar wurde, wie lächerlich das war, dämmerte es mir, daß meine Beurteilungen der Fußgänger auf der Straße eigentlich etwas an mir spiegelten und keine objektiven Tatsachen waren. Es ging mir auf, daß das, was ich an jedem einzelnen sah, mehr über mich als über ihn aussagte. Zudem begriff ich, daß ich die anderen vielleicht so hart beurteilte, um selbst ein gutes Gefühl zu bekommen. Sah ich, daß sie zu dick, zu klein oder seltsam angezogen waren, war ich im Vergleich dazu schlanker, größer und modischer gekleidet. In meinem Kopf erhob mich meine intolerante Beurteilung über sie.

Irgendwo wußte ich, daß über andere zu urteilen die eigene Unzulänglichkeit und Unsicherheit überdecken sollte. Ich beschloß, jedes Urteil, das ich in mir hörte, zu untersuchen und als Spiegel zu benutzen, der mir einen Blick auf eine verborgene Seite in mir gewährte. Ich stellte fest, daß ich nur ganz wenige Leute »akzeptabel« fand, und die meisten davon waren mir eher ähnlich. Da ich mich selten mit irgend jemandem abgeben wollte, der nicht genauso war wie ich, hatte ich mich isoliert und abgekapselt. Von jenem Tag an habe ich jedes Urteil als Geschenk betrachtet, um mich besser kennenzulernen.

Diese Veränderung erforderte, mit der Beurteilung der Welt aufzuhören. Die selbstgefällige Intoleranz aufzugeben bedeutete, daß ich mich nicht mehr automatisch anderen überlegen fühlen konnte und infolgedessen meine eigenen Fehler unter die Lupe nehmen mußte.

Neulich war ich mit einem Mann bei einem Arbeitsessen, dessen Tischmanieren sehr zu wünschen übrigließen. Meine erste Reaktion war, ihn als anstößig und seine Manieren als ekelhaft abzutun. Als ich merkte, wie ich über ihn herzog, hielt ich inne und fragte mich, was ich dabei empfand. Ich merkte, wie peinlich es mir war, mit jemandem gesehen zu werden, der mit offenem Mund kaute und sich laut in seine Stoffserviette schneuzte. Ich wunderte mich, wie sehr ich mich darüber sorgte, wie die anderen Gäste im Restaurant mich sähen. Also mußte ich die Wahrnehmung der Situation bewußt von ihm auf mich und meine Verlegenheit lenken. Das ermöglichte es mir, das Benehmen dieses Mannes als Spiegel anzusehen, der mir meine eigene Unsicherheit zeigte, mit einem alles andere als perfekten Menschen zusammen gesehen zu werden, was zur Frage führte, welches Licht dies auf mich werfen würde.

Der Zweck dieser Wahrnehmungsverschiebung und der Toleranz liegt darin, an einen Punkt zu kommen, an dem man sagt:

»Na und? Dieser Mensch ist eben so« und damit die Macht über sich zurückzugewinnen. Hätte ich zugelassen, daß mein Begleiter mich weiterhin abstieß, hätte ich ihm die Macht über mich zugestanden. Ich hätte zugelassen, daß sein Benehmen meine Gefühle beherrschte. Durch die Einsicht, daß meine Beurteilung nur etwas mit mir zu tun hatte, neutralisierte ich die Wirkung, die seine Manieren auf mich hatten, und holte mir meine Macht über mich zurück.

Stellst du fest, daß du jemandem gegenüber intolerant bist, dann frage dich: »Welches Gefühl will ich nicht zulassen, das durch dieses Urteil überdeckt wird?« Der Betreffende kann Unbehagen, Verlegenheit, Unsicherheit, Angst oder irgendein anderes Gefühl in dir auslösen, das dich klein macht. Konzentriere dich darauf, das Gefühl zuzulassen und zu empfinden, damit sich deine Intoleranz auflöst und du sowohl deine eigenen Gefühle wie die Handlungsweise oder das Benehmen desjenigen hinnehmen kannst, über den du urteilst.

Vergiß nicht, daß die Beurteilung eines Menschen kein Schutzschild dagegen ist, ebenso zu werden wie er. Nur weil ich meinen Tischgenossen als anstößig beurteilt hatte, würde mich das kein bißchen daran hindern, je wie er auszusehen oder mich so zu benehmen. Ebenso würde Toleranz ihm gegenüber nicht dazu führen, daß ich plötzlich mit offenem Mund kaute. Wie hart und starr Urteile und Intoleranz auch sein mögen, sie schützen vor nichts anderem als vor der Liebe.

KLARHEIT

Ab und zu geht dir ein Licht an den sonderbarsten Orten auf, wenn du es nur richtig betrachtest.

Jerry Garcia

Klarheit ist ein Geisteszustand, in dem man deutlich sieht. Klarheit erlangt man in Augenblicken plötzlicher Einsicht, wenn die Sichtweise sich ändert und man alles in einem neuen Licht erblickt. Klarheit ist für mich wie ein Fensterreiniger für die Seele. Wenn du andere als Spiegel betrachtest, trittst du in eine neue Realität ein, in der du das Leben überraschend glasklar siehst. Du lernst Klarheit in dem Augenblick, in dem es dir gelingt, die Perspektive zu verändern.

An jenem Tag, als ich mit 16 Jahren plötzlich den inneren Kommentator in meinem Kopf hörte, wurde mir einer dieser klaren Augenblicke zuteil. Ein andermal war ich Zeugin, wie Elaine Klarheit erfuhr durch die Einsicht, daß der gesamte gegen ihren chaotischen Mann gerichtete Ärger eigentlich Ärger war, den sie wegen derselben Eigenschaft gegen sich selbst empfand. Eine andere Freundin erlebte Klarheit, als sie sich eingestand, daß ihre ständige strenge Beurteilung von Männern nichts anderes als ihre eigene, nach außen projizierte Angst vor Verpflichtung war.

Klarheit lernst du in jedem Augenblick, in dem du dein Augenmerk darauf richtest, was dir deine Beurteilungen anderer eigentlich über dich aussagen.

Klarheit lernst du am besten, indem du merkst, wann sie *fehlt*. Völlig unklare Zeiten sind manchmal ein Hinweis darauf, daß die Lektion der Klarheit ansteht. Konzentrierst du dich auf die Beurteilung anderer, dienen sie dir nicht als Spiegel, und du bist verwirrt. Konzentrierst du dich auf das Benehmen anderer, bist du ebenfalls im unklaren. Kurz, wenn du nicht siehst, was irgendeine Situation über dich und deine Wahrnehmung aussagt und statt dessen nur darauf achtest, worauf sie bei anderen hinweist, sitzt du in der Unklarheit fest.

Dann erlangst du Klarheit, indem du einfach deine Wahrnehmung vom anderen oder Äußeren nach innen wendest. In solchen Momenten sollte man innehalten und sich fragen, was man empfindet und durch welche Brille man die Umstände betrachtet. In dem Augenblick, in dem man sich den Spiegel vor Augen hält, kommt man der Klarheit näher.

HEILUNG
Heilung ist eine Frage der Zeit, aber manchmal auch eine Frage der Gelegenheit.

Hippokrates

Heilung stellt Ganzheit und Wohlbefinden wieder her. Gewöhnlich assoziiert man Heilung mit dem Körper, aber sie ist im Gefühls- und spirituellen Bereich nicht weniger wichtig. Heilung ist ein lebenslanger Prozeß, bei dem man Probleme aufzudecken versucht, die die Seele verschleiern, und, bildlich gesprochen, die Löcher im Herzen flickt.

Für jeden steht irgendwann im Leben die Lektion der Heilung an. Sogar Menschen, die anscheinend ein ideales und problemloses Leben führen, können sie nicht übergehen. Das Leben bietet zu viele Hindernisse und Prüfungen, als daß irgend jemand völlig ungeschoren davonkäme. Zum Glück leben wir in einer Zeit, in der Heilung als äußerst wichtig erachtet wird, und deshalb stehen uns auch vielerlei Hilfsmittel zur Verfügung. Welche Methode man wählt, ist unerheblich. Hingegen ist es wichtig, sich Zeit zu nehmen und die für die Ganzwerdung erforderliche Seelennahrung zu gönnen.

Der Weg zur Ganzheit läßt sich abkürzen, wenn man bereit ist, äußere Erfahrungen als Hilfsmittel einzusetzen, um eigene innere Verletzungen zu heilen. Jede negative Erfahrung ist eine Gelegenheit, etwas im Inneren zu heilen. Einmal vertraute mir ein Freund an, er leide unter Impotenz. Er schämte sich fürchterlich und haßte sich dafür. Er wußte, daß seine Impotenz von Minderwertigkeitsgefühlen herrührte, die aufbrachen, als ihn seine frühere Freundin plötzlich um eines anderen Mannes willen verließ; trotzdem vermochte er seine Selbstachtung nicht wiederzugewinnen.

Schließlich lernte mein Freund eine Prachtfrau namens Andrea kennen, die ihn bedingungslos liebte. Es dauerte Monate, bis mein Freund zuließ, daß sich Andreas heilender Umgang mit ihm und ihre bedingungslose Akzeptanz auf sein eigenes angeknackstes Selbstbild ausdehnten. Allmählich gestand er sich zu, in ihr einen Spiegel für seine eigene Selbstakzeptanz zu sehen, und lernte sich dank ihrer Liebe wieder selbst zu mögen. Glücklicherweise verschwand seine Impotenz zusammen mit den übrigen negativen Gefühlen.

Es ist durchaus möglich, daß unsere Mitmenschen durch ihre positive Wahrnehmung Schäden in unserer Selbstachtung heilen können. Heilung durch Spiegelung ist aber auch noch auf eine andere Art möglich. Wir heilen in der Vergangenheit erlittene Wunden, wenn sie in der Gegenwart wieder aufgerissen werden. Das tun wir, indem wir ein für allemal mit den Gefühlen arbeiten, die immer wieder in bestimmten schwierigen Situationen auftreten. Menschen, die uns jetzt als Spiegel dienen, können uns Heilung von früheren Wunden schenken.

Meine Klientin Stephanie wollte ihre Stelle in einem Verlag aufgeben und sich als freiberufliche Verlegerin etablieren. Sie und ihr Chef und Mentor steckten seit nahezu sieben Jahren in einer überhaupt nicht funktionierenden Arbeitsbeziehung, und die Trennung von ihm fiel ihr äußerst schwer. Er behandelte sie wie ein Kind, ließ sie selten Entscheidungen treffen, ohne daß sie ihn zuerst um Rat gefragt hatte, und hielt sie allgemein an der kurzen Leine. Lehnte sich Stephanie auf oder wollte sie ihre

Unabhängigkeit behaupten, brachte der Chef ihr jedesmal Schuldgefühle bei, indem er ihr die vielen Jahre vorhielt, die er in sie investiert hatte, und sie daran erinnerte, daß sie ihre Karriere ihm verdankte.

Als Stephanie zu mir kam, war sie frustriert, bedrückt und unfähig, sich aus der Situation zu lösen. Sie äußerte ihre Verachtung gegenüber ihrem Chef, widersprach ihren giftigen Bemerkungen aber auch wieder durch liebevolle Anekdoten über ihn als väterliche Figur. Es war mir klar, daß Stephanie eine Vater-Kind-Beziehung zu heilen hatte und ihre jetzige Lage eine einmalige Gelegenheit war, die ihr spiegelte, was sie eigentlich brauchte.

Als ich Stephanie fragte, ob die Situation sie an etwas oder jemanden erinnere, erzählte sie mir ohne nachzudenken eine Begebenheit, die stattgefunden hatte, als sie 21 war. Sie wollte offiziell von zu Hause weggehen und zu ihrem langjährigen Freund ziehen. Für die Mutter war Stephanies Fortgang ein persönlicher Verrat. Am Vorabend des Auszuges machte sie ihr schwere Vorwürfe. Als Stephanie spätabends mitten zwischen ihren gepackten Siebensachen in ihrem Zimmer saß, blickte sie auf und sah ihre Mutter mit einem hexenähnlich hinter ihr herflatternden Morgenmantel den Flur entlang auf sich zukommen. Als sie da war, zischte sie Stephanie an: »Was du tust, ist einfach egoistisch. Es ist nur selbstsüchtig. Wie wagst du es, einfach so wegzugehen?« Stephanie duckte sich ängstlich, und am nächsten Tag schlich sie sich frühmorgens wie eine Diebin aus dem Haus.

Wir kamen überein, daß die Situation mit ihrem Chef eine alte Wunde aufriß, bei der sie sich überaus schuldig gefühlt hatte, und sie außerdem daran erinnerte, daß sie damals nicht zu sich gestanden hatte. Wir wußten beide, daß ihr jetzt eine Gelegenheit geboten wurde, diese Verletzung zu heilen, indem sie dieses Mal auf eine gute Weise, würdevoll und ehrenhaft wegging. Nach vielem Probieren eröffnete Stephanie ihrem Chef wortgewandt, liebenswürdig und mit unerschütterlichem Vertrauen, sie wolle weggehen, um sich weiterzuentwickeln. Das heilte die alte Wunde in ihrer Seele.

Welche Verletzungen trägst du mit dir herum, die der Heilung bedürfen?

UNTERSTÜTZUNG

Man kann Licht auf zwei Arten verbreiten: Indem man die Kerze ist oder der Spiegel, in dem sie sich spiegelt.

Edith Wharton

Unterstützen heißt von unten stützen. Du unterstützt jemanden, wenn du ihn freiwillig stärkst, ihm Kraft verleihst und durch eine schwierige Zeit hindurchhilfst. Das Witzige daran ist, daß du dich selbst unterstützt, wenn du anderen hilfst. Hilfst du anderen nicht, ist das in der Regel ein Hinweis darauf, daß du dir selbst auch nicht hilfst.

Bei der Ausbildung von Gruppenleitern für meine Workshops bringe ich ihnen dies als erstes bei: Sie sollen sich darüber klarwerden, wieweit die Hilfe, die sie den Workshopteilnehmern zukommen lassen, ihre eigenen Probleme spiegelt. Fällt es einem Gruppenleiter schwer, einen Teilnehmer bei einem Wutanfall zu unterstützen, ist das ein sicheres Zeichen, daß er seine eigene Neigung zu Wutanfällen nicht toleriert oder gutheißt. Kann der Gruppenleiter jemandem nicht helfen, Zugang zu seiner eigenen inneren Kraft zu finden, dann kommt ihm die Ablehnung seiner eigenen inneren Kraft in die Quere. Es ist ganz ähnlich wie bei der Ausbildung zum Psychoanalytiker, wo die eigenen Reaktionen auf Patienten als Spiegel verwendet werden, in denen diese sich erkennen können.

Meistens brauchen Freunde unsere Unterstützung. Donna, eine meiner Gruppenleiterinnen, erzählte mir neulich eine Begebenheit, die deutlich aufzeigt, wie die Kunst der Unterstützung und des potentiellen emotionalen Spiegels funktioniert. Donna war eine Zeitlang sehr deprimiert gewesen. Sie hatte sich eben von ihrem Freund getrennt, mit dem sie zwei Jahre lang zusammengelebt hatte, und es fiel ihr außerordentlich schwer, über den Verlust hinwegzukommen. Sie war einige Tage wegen einer Knieverletzung im Bett geblieben, aber allein zu Hause zu sein, half überhaupt nicht. Ihr Elend wurde durch die Frustration darüber, daß sie sich nicht zusammenreißen und mit dem Weinen aufhören konnte, nur noch schlimmer.

Eines Tages bekam sie frühmorgens einen Anruf mit der furchtbaren Nachricht, der Bruder ihrer besten Freundin sei bei einem Autounfall tödlich verunglückt. Donna hatte Mary Ann und ihren Bruder fast ihr ganzes Leben gekannt, und die Mitteilung war niederschmetternd. Donna nahm ihre ganze Energie zusammen, stieg ins Auto und fuhr rasch zu ihrer Freundin, um ihr beizustehen.

Die folgenden Tage war Donna ganz für Mary Ann da, mitten im Trubel der Beerdigung mit Hunderten von Besuchern. Sie hielt sie im Arm, als sie nicht aufhören konnte zu weinen, stand ihr bei, als Wellen von Kummer und Trauer ihre Freundin überschwemmten und schlief auf dem Boden neben Mary Anns Bett, damit sie nicht allein wäre, wenn sie mitten in der Nacht aufwachte. Die ganze Zeit über hatte sie fast keine Schmerzen im Knie, und ihre Depression war völlig verschwunden.

Als das Leben mehrere Wochen später wieder seinen gewohnten Lauf nahm, ging Donna auf, daß das Ausmaß an Unterstützung, das sie für Mary Ann aufgebracht hatte, dasjenige bei weitem überstieg, das sie sich selbst in ihren schweren Zeiten zugestanden hatte. Sie erkannte in der Unterstützung, die sie ihrer Freundin gewährt hatte, einen Spiegel für die Unterstützung, die sie sich selbst versagt hatte. Sie sah ein, daß ihre eigenen Tränen ebensoviel Aufmerksamkeit und Fürsorge brauchten wie die Tränen anderer, und wenn sie anderen

Hilfe zukommen lassen konnte, mußte sie es für sich auch können.

Kannst du anderen nicht helfen, dann wirf einen Blick nach innen und sieh nach, ob du etwas in dir nicht unterstützt. Umgekehrt spiegelt die Unterstützung, die du anderen angedeihen läßt, die Bereiche in dir, die dasselbe Maß an Unterstützung brauchen.

Achte Regel

Was du aus deinem Leben
machst, liegt an dir

Du hast alle Werkzeuge und Quellen, die du brauchst.
Was du damit machst, liegt an dir. Du hast die Wahl.

Jeder Mensch schafft sich seine eigene Wirklichkeit. Dein eigenes Leben zu gestalten, ist dein unveräußerliches Recht. Dennoch leugnen viele, daß sie das Drehbuch ihres Lebens nach Wunsch gestalten können. Meistens bringen sie als Entschuldigung vor, nicht tun zu können, was sie wollen, oder nicht zu bekommen, was sie wollen, weil ihnen die Mittel dazu fehlen. Sie übersehen die Grundwahrheit, daß nicht die äußeren Mittel über Erfolg oder Mißerfolg bestimmen, sondern der eigene Glaube an sich selbst und die Bereitschaft, sein Leben nach den eigenen höchsten Bestrebungen zu gestalten.

Entweder spielt man das Schuldzuweisungsspiel und wiederholt ständig »Ich konnte nicht, weil . . .«, oder man nimmt sein Leben in die Hand und formt es nach eigenem Gutdünken. Entweder läßt du zu, daß deine persönlichen Umstände – handle es sich um deine äußere Erscheinung, finanzielle Lage oder Herkunft – darüber bestimmen, was dir geschieht, oder du überwindest die Begrenzungen, die du wahrnimmst, und erreichst Außerordentliches. Ein »Ja, aber . . .« führt zu nichts, sondern verstärkt nur die Täuschung, man könne gar nichts tun. Steht man für seine Begrenzungen ein, stimmt einem das Universum schließlich zu und reagiert entsprechend.

Joseph Cambell sagte einst: »Die Welt kann es mit dir aufnehmen, und du kannst es mit der Welt aufnehmen.« Damit meinte er, daß die Welt dir alles liefert, was du für den Erfolg brauchst, wenn du deine Probleme, Talente und eigenen Umstände erkennst und den Lebensweg, den dir diese vorzeichnen, annimmst. Umgekehrt stellst du dann fest, welchen Beitrag an die Welt du am besten leistest. Übernimmst du das Steuer über dein Leben, reagiert die Welt, und der Funke des Genies wird entzündet.

Die achte Regel fordert dich also heraus, deine eigenen Lebensumstände zu schaffen und anzuerkennen. Der Augenblick, in dem du das vermagst, ist ein Erwachen, denn damit legst du das unbewußte Leben ab. Ich erinnere mich genau an den Zeitpunkt in meinem Leben, der eintrat, nachdem ich drei Botschaften darüber erhalten hatte, was ich mit meinem Leben anfangen sollte. Zu meinem größten Erstaunen war ich bedrückt statt erleichtert oder beflügelt. Nach tagelangem Weinen, ohne überhaupt zu wissen, weshalb, ging mir auf, daß der Lebensabschnitt nun vorbei war, in dem ich im trüben Sumpf des »Ich weiß nicht . . .« herumwaten konnte. Mit den drei Botschaften, die mir meinen Lebenszweck aufdeckten, hatte ich mich aus der Sicherheitszone des Nichtwissens hinausbegeben, die man gemeinhin »Kindheit« nennt, und war in die Erwachsenenwelt eingetreten. Ich wußte, daß es mir nahezu unmöglich sein würde, ins Vergessen zurückzufallen, wenn ich mein Leben bewußt in die Hand nahm. Ich weinte Verlusttränen, denn ich war durch den Tunnel des Reifens gegangen und hatte mein unbewußtes Leben hinter mir gelassen. Ich war traurig, aber bereit, mein Leben selbst zu bestimmen.

Wenn du verstehst, daß es an dir liegt, was du aus deinem Leben machst, kannst du es dir wirklich aussuchen und nach deinen Wünschen gestalten. Mit dieser Regel lernst du Lektionen wie Verantwortung, Loslassen, Mut, Kraft und Abenteuer, die dir das dir bestimmte Leben bescheren. Diese Lektionen liefern dir das wichtige Werkzeug, das du brauchst, um dein Leben in die Hand zu nehmen.

VERANTWORTUNG
Wir müssen akzeptieren, daß wir die Folgen aller Taten,
Worte und Gedanken unser Leben lang ertragen.

Elisabeth Kübler-Ross

Verantwortung zu übernehmen heißt, daß man sich die eigene Verantwortlichkeit eingesteht und den Einfluß erkennt, den man auf die jeweiligen Umstände ausübt sowie die Rolle, die man darin spielt. Für sein Verhalten hat man Rede und Antwort zu stehen und alle Folgen, die aus der eigenen Handlungsweise entstehen, zu akzeptieren.

Verantwortung ist aber nicht Schuldzuweisung. Um diese Lektion zu lernen, muß man den Unterschied zwischen den beiden verstehen. Schuldzuweisung hat mit Fehlern zu tun, Verantwortung mit Urheberschaft. Bei der Schuldzuweisung klingen Schuld und negative Emotionen an. Verantwortung erleichtert, weil wir den Tatsachen nicht mehr ausweichen müssen, und hebt Schuldgefühle auf. Schuldzuweisung besagt, daß jemand etwas falsch gemacht hat. Verantwortung besagt, daß man die Dinge auf sich nimmt. Schuldzuweisung blockiert. Verantwortung treibt – zum eigenen Besten – voran.

Verantwortung bringt einen Lohn ein, der zu verdienen manchmal schwer ist. Mary war Teilnehmerin an einem meiner Workshops. Ihr Bericht darüber, wie sie Verantwortung übernahm, ist mir immer ein Vorbild gewesen. Mary kam in Kuba zur Welt und zog mit zwei Jahren mit ihrer Familie nach Miami um. Die Familie lebte in bitterer Armut in einem gefährlichen Stadtteil, in dem Verbrechen und Drogen zum Alltag gehörten. Im zarten Alter von acht Jahren war Mary fest entschlossen, etwas anderes aus ihrem Leben zu machen, als dem vorgezeichneten Weg zu folgen und Dienstbotin oder Kassiererin in einem Supermarkt zu werden. Sie ging also jeden Tag zur Schule, um sich eine Grundlage für ein besseres Leben zu ermöglichen, auch wenn sie über im Hausflur ohnmächtig gewordene Betrunkene steigen mußte.

Schließlich zog Mary von Miami fort, ließ sich gut ausbilden und pflegte ihre musikalische Begabung. Sie wußte, daß es an ihr lag, ihr Leben zu gestalten, egal, welche Karten sie dafür mitbekommen hatte. Heute ist sie eine der bekanntesten lateinamerikanischen Studiosängerinnen, und ihre Stimme erklingt landesweit in unzähligen Werbespots. Mary hätte sich dem Leben, in das sie hineingeboren wurde, fügen oder ihren Eltern und ihrer Herkunft die Schuld an ihrer Situation zuschieben können. Sie hätte sich weigern können, die Verantwortung für ihre Umstände zu übernehmen, *obwohl sie dafür keine Schuld traf,* und diese Weigerung hätte ihren Wunsch übertönt. Statt dessen übernahm Mary die Verantwortung für sich und schuf sich ein Leben, auf das sie stolz sein kann.

Als Mutter versuche ich jeden Tag, meiner Tochter Jennifer eine kleine Verantwortungslektion zu geben. Ich möchte, daß sie zu einer jungen Frau heranwächst, die tut, was sie verspricht, versteht, daß Rechte immer mit Pflichten verknüpft sind und ungeachtet ihrer Umstände die Verantwortung für ihre eigene Rolle übernimmt. Ich kann mir immer etwas Zeit nehmen, um ihr einzuprägen, wie wichtig das ist, bevor sie in die Welt hinausgeht.

Verantwortung ist eine der großen Lektionen im Erwachsenenalter. Wenn du sie noch nicht gelernt hast, ist es noch nicht zu spät. Denk daran, daß dir das Leben jede Menge Gelegenheiten bietet, bis du sie gemeistert hast.

LOSLASSEN
Lerne loszulassen. Das ist der Schlüssel zum Glück.

Buddha

Loslassen ist einfach gehen lassen. In jeder Situation kann man entweder die Verantwortung übernehmen und versuchen, etwas zu bewirken, oder man kann loslassen. Weder das eine noch das andere ist besser oder schlechter. Jede Situation ist anders, und nur der Betreffende weiß im jeweiligen Fall, was richtig ist.

Es gibt Zeiten, in denen man die Verantwortung dafür übernehmen muß, eine Beziehung fortzuführen, und andere, in denen man einfach loslassen und gehen sollte.

Ebenso gibt es Phasen, in denen man mit seinem Vorgesetzten um etwas kämpft, woran man glaubt, und andere, in denen man der Situation ihren Lauf läßt und die Energie für wichtigere Bestrebungen spart. Die Lektion lernt man, wenn das Loslassen auf einer bewußten Entscheidung beruht und nicht auf einer passiven Haltung, mit der man sich vor Verantwortung zu drücken versucht.

Manchmal gilt es im Leben Selbstbilder aufzugeben, wenn sie die freie Lebensgestaltung verhindern. Nancy, die an einem meiner Workshops teilnahm, litt an mangelnder Selbstachtung, was sie davon abhielt, sich das Leben nach ihren Wünschen einzurichten. Sie hatte ständig das Gefühl, nicht das Beste von allem zu verdienen und gab sich deshalb immer mit »gut genug« zufrieden. Nancy führte diese Überzeugung auf ihre Kindheit in Brasilien zurück, wo sie im Vergleich zu ihrer Schwester immer als zweitrangig behandelt wurde. Nancys Mutter stellte sie immer als »das zweite Kind« vor, worauf sich die Überzeugung in Nancy festsetzte, sie würde ewig die zweite Geige spielen. Ihre gesamte Garderobe stammte aus einem Secondhandladen, und mit allen Spielsachen hatte schon ihre Schwester vor ihr gespielt. Nancy mußte diese Grundüberzeugung aufgeben und loslassen, um es sich selbst zu ermöglichen, als Erwachsene angemessene und verdiente Forderungen zu stellen.

Ein weiteres Gefühl, das häufig in den Menschen herumspukt, ist Ärger. Man klammert sich an die Wut gegen die Eltern wegen der Art, wie sie einen erzogen haben, gegen die Ehepartner, weil sie einen enttäuschen, oder gegen das Schicksal, weil es einem Ungerechtigkeiten beschert. Diese Wut schwärt im Unbewußten und stört den Fluß der natürlichen Gestaltungsfähigkeit des eigenen Lebens. Man konzentriert sich so sehr auf negative Gefühle, daß die Macht der Vergebung und des Loslassens gar nicht wahrgenommen wird.

Manchmal stören negative Erinnerungen das Denken und nehmen den Raum ein, der nötig wäre, um sich ein Leben nach eigenem Wunsch vorzustellen und zu schaffen. Leider gibt es immer wieder etwas »Schlechtes«, aber sich an vergangenen Seelenmüll zu klammern ist noch schädlicher als die Situation an sich. Der Mensch kann die abscheulichsten Erlebnisse überwinden, wenn er nur will. Das menschliche Herz ist erstaunlich flexibel; vertrau auf das deine, und laß die Erinnerungen los, die dich behindern.

Es gibt auch Zeiten, in denen man eine Situation wie etwa eine ungesunde Beziehung oder erniedrigende Arbeit aufgeben sollte, um sich bessere Umstände zu schaffen. Ich erinnere mich an ein Paar, das vor einigen Jahren zur Beratung kam. Die beiden hatten sich im klebrigen Netz einer giftigen Beziehung verfangen. Eric und Sarah folterten einander geradezu mit Kritik, Zorn und rücksichtslosem Verhalten. Als ich wissen wollte, weshalb sie angesichts ihres beidseitigen Unglücks denn zusammenblieben, hatte keiner eine vernünftige Antwort darauf. Beim Besprechen ihrer Beziehung dämmerte es sowohl Eric als auch Sarah, daß beide durch ihr Festhalten an einer offensichtlich unmöglichen Lage vermieden, unabhängig voneinander Fortschritte zu machen. Beide gaben zu, es mache ihnen angst, sich neue Gegebenheiten schaffen zu müssen. Dieses Eingeständnis brachte ihnen ausreichend zu Bewußtsein, daß sie ihre Bindung aufgeben sollten, und das gab ihnen die Kraft, es auch zu tun.

Ungeachtet dessen, wie das Gefühl oder die Überzeugung aussieht, die in deinem Unterbewußtsein hängenbleibt und dich davon abhält, dein Leben selber zu gestalten, kannst du sie loszulassen lernen, wenn du dir zwei bereits gelernte Lektionen vergegenwärtigst: Bewußtsein und Bereitschaft. Werde dir dessen bewußt, was dir den Weg verbaut, und sei bereit, dieses Hindernis aufzugeben. Gib dem Universum ein Zeichen, daß du bereit bist, das Leben zu manifestieren, das du eigentlich führen solltest.

MUT
Mut ist der Preis, den das Leben verlangt, um Frieden zu gewähren.

Amelia Earhart

Mut bedeutet, die innere Stärke und Tapferkeit in sich zu finden, die angesichts von Gefahren, Schwierigkeiten oder Widerständen erforderlich sind. Mut ist der Energiestrom, der hinter jeder großen Tat steckt, jener zündende Funke, der die ersten kleinen Schritte zum Wachstum einleitet. Er ist im Inneren eines jeden Menschen verborgen und wird immer dann aktiviert, wenn du vorankommen willst oder anscheinend unüberwindliche Hindernisse zu bewältigen hast. Er ist jene ungreifbare Kraft, die dich auf dem Weg vorantreibt.

Es braucht Mut, sich mit dem Gedanken anzufreunden, daß es an dir liegt, was du aus deinem Leben machst, und dann auch das Nötige zu *tun*. Den Zugang zum Mut findest du, indem du in dich gehst und jene innere Verbindung aktivierst, die dich trägt. Was treibt dich zum Handeln an? Bei manchen ist es der Glaube an eine höhere Macht, bei anderen Meditation, inspirierende Musik, gute Literatur oder ein spirituelles Werk. Wie deine Verbindung zur göttlichen Quelle auch immer aussehen mag, pflege sie gut, denn du mußt immer dann auf sie zurückgreifen, wenn du Mut brauchst.

Es kann allerdings vorkommen, daß du jenes Mutreservoir in dir nicht findest. Dann brauchst du die Unterstützung liebender Mitmenschen. Du kannst dir den nötigen Mut von anderen ausleihen, die fest genug an dich glauben und dich durch vorübergehende Amnesiephasen hindurchtragen, in denen du deine eigenen Fähigkeiten und deine Zähigkeit vergißt.

Mut lernt man, wenn man mutig springt und handelt. Ich erinnere mich, wie ich als Kind den Kopfsprung ins Wasser lernte. Wochenlang stand ich zuvorderst auf dem Sprungbrett in unserem Gemeindeschwimmbad und versuchte den Mut aufzubringen, kopfvoran ins Wasser zu springen. Drei Samstage hintereinander stand mein Vater unten an der Leiter und redete mir Mut zu. Immer wieder zeigte er mir, wie man es macht, aber ich hatte immer noch Angst. Es war eine namenlose Angst. Ich war ziemlich sicher, daß ich mich nicht verletzen würde, und daß es mißlingen könnte, machte mir auch nichts aus. Wahrscheinlich hatte ich einfach Angst, wie es einem meistens ergeht, wenn man metaphorisch oder tatsächlich vor einem Sprung ins Unbekannte steht.

Endlich kam der Tag, an dem ich begriff, daß ich mich innerlich aufputschen konnte, soviel ich wollte, mein Vater mich so lange unterstützen konnte, wie er mochte, ich würde schließlich tief einatmen und einfach *springen* müssen. Also kletterte ich noch einmal die Leiter hinauf, stand zuvorderst auf dem inzwischen wohlvertrauten Sprungbrett, sprach ein kleines Stoßgebet und sprang. Zwar nicht perfekt, aber immerhin war ich gesprungen. Meine glorreiche Leistung wurde nicht von schmetternden Trompeten begleitet, aber ich hatte die wertvolle Lektion des Mutes gelernt, die ich mein Leben lang nie mehr vergessen würde.

Welche Ängste verbauen dir den Weg? Hole sie ans Licht, um die Macht, die sie über dich haben, zu verringern. Reale oder eingebildete Ängste blockieren dich nur. Verbanne sie, damit du die Lektion des Mutes lernen und dir dein Leben nach deinen Wünschen gestalten kannst.

KRAFT
Es gibt niemanden, der nicht mehr erreichen könnte, als er glaubt.

Henry Ford

Kraft zeigt auf, daß man fähig ist, die eigene Realität zu manifestieren. In jedem Menschen liegt ein Kraftzentrum. An diese Kraft lernen wir uns wenden, wenn wir uns aufmachen, das Leben nach eigenem Willen zu gestalten. Kraft ist ein natürlicher Seinszustand. Sie ist ein Potential, auf das wir alle Anspruch haben und das uns unbegrenzt zur Verfügung steht.

Du brauchst nicht nach der inneren Kraft zu suchen, denn sie ist bereits in dir. Du hast sie mitbekommen, als du zur Welt kamst, und sie ist für dein Überleben ebenso wichtig wie das Atmen. Deine Kraft treibt dich tagein tagaus an, trägt dich in dunklen Zeiten, läßt dich alles tun, wozu du dich angespornt fühlst. Sie strahlt wie ein Licht in dir und leuchtet nach Bedarf auch in die Welt hinaus.

1983 rief ich ein gemeinnütziges Projekt zur Schulung von 18- bis 25jährigen jungen Ausländern in Haushaltsführung ins Leben. Ich setzte mich leidenschaftlich dafür ein und war fest entschlossen, daß es gelingen sollte. Unser damaliger Anwalt war ein barscher, eleganter älterer Herr namens Marcus, der mich mit seinen 1,92 Metern weit überragte und einschüchterte. Er versicherte mir, wir würden für die Ausländer, die an Ort und Stelle geschult werden sollten, niemals eine Aufenthaltsgenehmigung in den Vereinigten Staaten für ein ganzes Jahr bekommen. Sogar als wir bereits im Flur vor dem Büro der Einwanderungsbehörde warteten, tat Marcus meinen Einsatz ab und meinte, ich vergeude bloß meine Zeit mit dem Antrag auf die Aufenthaltsgenehmigungen.

Da wußte ich, daß ich mich auf meine eigene Kraft verlassen mußte, um die mir gestellte Aufgabe durchzuziehen. Ich atmete tief ein, erinnerte mich daran, daß mir alles gelingen würde, was ich von Herzen wollte, und bot dem einschüchternden Anwalt die Stirn. Ich sagte Marcus, ich sei vollkommen zuversichtlich, daß unser Antrag angenommen würde und erwarte seine volle Unterstützung. Dann wurden wir ins Büro der Einwanderungsbehörde hereingebeten. Zu meiner größten Befriedigung und seinem Schrecken behauptete ich mich und beantwortete alle Fragen tadellos. Ich glaube aber, daß sogar Marcus insgeheim erfreut war, als die Behörde meinem Antrag stattgab.

Manchmal fällt es allerdings schwer, dieses innere Licht zu erkennen. Manchmal hast du ein »Energieleck«, das es dir völlig unmöglich macht, die eigene Realität zu gestalten. Dann gilt es herauszufinden, was dir die Kraft nimmt, und das Loch zu stopfen.

Energielecks zeigen sich auf verschiedene Arten: als Einschüchterung, Entmutigung und Enttäuschung, Rückschläge, Zurückweisung oder Verlust, um nur einige zu nennen. Ein Leck entsteht jedesmal, wenn die innere Elastizität abhanden gekommen oder das Selbstwertgefühl verlorengegangen ist. Die beste Art, ein solches Leck zu stopfen, ist stets die Erinnerung an frühere Erfolge und damit die Erinnerung daran, was du zu erreichen vermagst. Tu etwas, bei dem du deine Kraft spürst. Auch kleine Erfolgserlebnisse, wenn du beispielsweise ein Bild aufhängst oder den Videorekorder einstellst, führen dazu, daß das Leck nach und nach kleiner wird und das Selbstvertrauen wieder zunimmt.

Wahrscheinlich mußt auch du im Verlauf des Lebens viele

Energielecks stopfen, aber wenn du dir einmal einen einfachen Weg zur Kraftquelle in deinem Inneren gebahnt hast und von dieser lebst, wirst du nie wieder in Frage stellen, daß es nur von dir abhängt, was du aus deinem Leben machst.

ABENTEUER

Das Leben ist ein mutiges Abenteuer – oder gar nichts.
Helen Keller

Das Leben ist, wenn du seine Möglichkeiten ausschöpfst, eine großartige Reise voll aufregender Zeiten und erstaunlicher Erfahrungen. Es kann eine spannende Fahrt werden, wenn du bereit bist, alles zu erforschen, was du nur kannst. Abenteuer ergeben sich aus deiner Bereitschaft, mit Begeisterung zu leben.

Ein Abenteuer ist jedes Erlebnis, das über deine Bequemlichkeitszone hinausgeht. Abenteuer bringen das Blut in Wallung, und das Herz schlägt erwartungsvoll, wenn du das überwindest, was du für deine normale Grenzen hältst. Sie erweitern deinen Horizont und versetzen dich in neue, atemberaubende Welten. Spüre, wie lebendig du bist, wenn du Neues ausprobierst und ein Risiko eingehst. Dann lernst du den Wert des Abenteuers in deinem Leben kennen.

Da es an dir liegt, was du aus deinem Leben machst, kannst du dir entweder ein Leben voller wunderbarer Abenteuer schaffen – oder sicher zu Hause bleiben und nie das freudige Hochgefühl erleben, das entsteht, wenn du dich kühn und hingebungsvoll aus deiner Welt hinausbegibst. Ein Leben ohne Abenteuer mag zwar sicher sein, aber es fehlen ihm die Farben und Konturen. Wenn du dich nie hinauswagst, kannst du dich auch nie ausdehnen und wachsen.

Kinder haben Abenteuergeist. Uns allen ist ein Staunen angeboren, das uns zum Erforschen drängt. Die meisten Kinder sind von Natur aus neugierig und probieren gerne alles aus. Beim Aufwachsen stülpt die Welt ihnen jedoch die eigenen Ängste und Begrenzungen über, und meistens verschwindet der Abenteuergeist nach jahrelangen Ermahnungen. »Rühr das nicht an«, »Benimm dich« usw. Der Funke Forschergeist ist schließlich erloschen, wenn sie zu verantwortungsvollen, reifen Erwachsenen herangewachsen sind.

Dieses kindliche Staunen gilt es erneut zu entzünden, damit man sich an das Hochgefühl beim Entdecken neuer Welten erinnert. Dieser Funke zeigt sich gewöhnlich als kühner Impuls, den man gerne als dumm oder unvorsichtig abtäte, etwa ein plötzliches Bedürfnis, das Windsurfen auszuprobieren oder den Wunsch, eine Reise nach Alaska zu unternehmen. Nimmt man diesen Funken jedoch wahr und beachtet ihn, öffnet sich die Tür zu überwältigenden Erfahrungen und zauberhaften Verbindungen. Man beginnt, größere, kühnere Schritte zum Umsetzen von Träumen zu tun.

Es gab eine Zeit in meinem Leben, als ich diesen Funken nicht beachten wollte, meine ganze Energie darauf richtete, verantwortungsvoll und diszipliniert zu sein und das menschliche Grundbedürfnis nach Erforschen und Ausdehnen mißachtete. Schließlich war mein Leben so langweilig geworden, daß ich mich zwang, aus dieser Starrheit aufzuwachen und meinen seit langem verlorenen Abenteuergeist wiederzuentdecken. Es fehlte mir etwas, als ich keine Bereitschaft für neue Empfindungen mehr hatte und keine kühnen Risiken einging. Damals gelobte ich mir, mich stets nach bestem Wissen und Gewissen zu bemühen, mir dieses inneren Funkens bewußt zu bleiben, damit mir keine Chance zur Selbsterweiterung entging. Seit jener Zeit bin ich mit einem wundersamen Leben voll unglaublicher Reisen und Erfahrungen gesegnet, die mir entgangen wären, wäre ich damals nicht erwacht.

Bei meiner letzten Reise nach New York ging ich in die Riverside Church im Nordwesten von Manhattan. Es war eine klare, wunderschöne Dezembernacht, und plötzlich drängte es mich, auf den Kirchturm hinaufzusteigen, um die prachtvolle Aussicht über die Stadt zu genießen. Ich wußte aus Erfahrung, daß dieser Impuls ein Signal war und mir mein Abenteuergeist etwas Wunderbares bescheren würde. Trotz meiner Höhenangst erklomm ich also die unzähligen Treppenstufen, bis ich oben angekommen war.

Wie vermutet, war die Aussicht prachtvoll. Die glitzernden Lichter unter mir funkelten wie Millionen von Sternen und spiegelten sich wie Edelsteine im Fluß. Ich atmete die kalte Nachtluft ein und erlebte einen Moment vollkommener Freude. Eine Welle von Dankbarkeit durchströmte mich, und ich war froh, daß ich meinen Abenteuergeist beachtet und mir diese Erfahrung geschenkt hatte.

Denk an die Abenteuer in deinem Leben zurück. Jene Zeiten, in denen du dich vertrauensvoll in etwas hineinbegeben und über deine Bequemlichkeitszone hinausgegangen bist, sind kostbare Geschenke. Sie erinnern dich an die Freude, die dich erwartet, wenn du dem Leben Begeisterung entgegenbringst. Solche Zeiten sind manchmal ein Wendepunkt im Leben und machen dir Mut, dir etwas Neues zu schaffen, wann immer du es möchtest.

Stell dir vor, daß du mit 90 Jahren Rückblick über dein Leben hältst. Was möchtest du dann sehen? Jedesmal, wenn ich daran denke, erinnere ich mich an meine Studienfreundin, die zu sagen pflegte: »Du bereust nur, was du nicht getan hast.« Ich will nicht voll Reue auf mein Leben zurückblicken. Ich will auf ein Leben voll zauberhafter, vom Abenteuergeist inspirierter Momente sehen wie jenen, den ich zuoberst auf dem Kirchturm erlebte. Kannst du etwas mehr Abenteuer in deinem Leben brauchen? Wenn ja, dann denke daran, daß schon Goethe gesagt haben soll: Wenn du etwas tun kannst oder es dir erträumst, dann tu es. Kühnheit birgt Genie, Kraft und Zauber in sich.

Neunte Regel

Deine Antworten liegen
in deinem Innern

Alles, was du tun mußt, ist sehen, hören und vertrauen.

Alle Antworten, die du brauchst, liegen bereits innerhalb deiner Reichweite. Du brauchst nur nach innen zu schauen, hinzuhören und auf dich zu vertrauen. Es gibt keine äußere Quelle der Weisheit, die dir Antworten auf deine Herzensfragen liefern könnte. Du bist für dich der weiseste Lehrer. Tief in deinem Herzen weißt du bereits alles, was du zu wissen brauchst.

Wir besitzen alle eine spirituelle DNS. Sie enthält jenes innere Wissen, das uns Anweisungen für unseren Lebensweg übermittelt. Diese Botschaften sind Signale oder Anleitungen aus der inneren Quelle der Intuition, die dir ein authentisches Leben bietet und dich begleitet. Diese Botschaften sind wie erleuchtete Treppenstufen auf dem Weg und zeigen an, was du für dein weiteres Wachstum zu tun hast. Sie leuchten auf, tauchen aus deinem Innersten empor, geben dir Anweisungen und Tips und liefern dir alle Antworten, die du brauchst.

Diese mächtigen Hinweise stehen dir jederzeit zur Verfügung. Sie zeigen sich in verschiedenen Formen. Entweder als »leise Stimme« in deinem Kopf oder als intuitive Eingebung. Sie kommen in einem Brief oder einem Telefongespräch durch oder sind auf die Innenklappe einer Teeschachtel aufgedruckt. Manchmal sind sie wie ein Flüstern, wie die Botschaft an Kevin Costner im Film *Feld der Träume:* »Wenn du es baust, dann kommen sie« oder wie ein fernes Geläute. Daß es sich tatsächlich um eine innere Mitteilung handelt, zeigt sich darin, daß sie nicht verschwindet, wie sehr du sie auch zu ignorieren versuchst. Sie taucht immer wieder auf, bis du bereit bist, darauf zu hören und sie zu beachten.

Selbst wenn du nicht bereit für sie bist, finden echte Botschaften den Zugang zu dir, ungeachtet dessen, wo du dich versteckst. Schließt du die Tür, kommen sie zum Fenster herein. Machst du das Fenster zu, gleiten sie den Kamin herunter, genau wie in der amerikanischen Redewendung: »Wenn du dich wehrst, gibt es nicht nach.« Das, was für dich wichtig ist, findet dich, wo auch immer du dich versteckst. Die eigene innere Stimme zu mißachten oder sich vom eigenen inneren Wissen abzuschotten, führt nur dazu, daß sich diese Kräfte anders und negativer äußern, etwa als Depression, Suchtverhalten oder einfach als Unzufriedenheit. Je rascher du dich deiner inneren Wahrheit aufschließt, desto schneller und weiter kommst du auf deinem Weg voran. Das ganze Leben verläuft reibungsloser, wenn du die inneren Botschaften beachtest.

Vor vielen Jahren, als ich noch in Boston wohnte, ging ich mit einigen Mitarbeitern zum Abendessen. Ich war unter den drei ersten, vier sollten noch kommen. Da es ein kalter Dezemberabend war und schneite, gingen wir schon in das Lokal und warteten dort auf sie. Sie verspäteten sich offenkundig, und da sie alle sehr verantwortungsbewußt waren, fragte ich mich, wo sie wohl abgeblieben waren. Fast eine Stunde später waren sie noch immer nicht da. Ich fragte mich immer wieder, was ihnen wohl zugestoßen sein mochte. Plötzlich nahm ich eine leise Stimme in mir wahr, die wie eine lästige Fliege herumsurrte und wiederholte: »Geh und stell dich an die Straßenecke.« Damals war ich gerade im siebten Monat schwanger, und ich hatte kein bißchen Lust, mit meinem Umfang hinauszugehen und mich bei dieser Kälte an den Straßenrand zu stellen. Ich scheuchte die Stimme weg und vertiefte mich wieder ins Gespräch.

Wie alle echten Botschaften verschwand auch diese nicht auf Kommando. Immer wieder hörte ich: »Geh und stell dich an die Straßenecke.« Schließlich stand ich auf, weil ich mich innerlich gedrängt fühlte, hüllte meine unförmigen Konturen in meinen Mantel und entschuldigte mich, um mich – leicht zu erraten – an den Straßenrand zu stellen. Ich sah lächerlich aus und fühlte mich auch so.

Ich stand noch keine Minute an der Ecke, als die vermißten vier Mitarbeiter im Auto heranfuhren. Sie waren überglücklich, mich zu sehen, weil sie sich verfahren hatten und fast eine Stunde lang herumgeirrt waren. Als sie wissen wollten, weshalb ich ausgerechnet jetzt an der Ecke stand, da sie vorbeifuhren, verdrehte ich die Augen und antwortete: »Fragt mich nicht.« An jenem Abend gelobte ich, möglichst immer auf meine inneren Botschaften zu achten, und wenn sie noch so lächerlich klangen. Damals ging mir auf, daß sie meine Verbindung zum gesamten bereits in mir vorhandenen Wissen waren.

Es spielt keine Rolle, ob sich deine Botschaften in lächerliche Gebote verpacken wie das eben beschriebene oder sich direkter äußern. Die wiederholte Aufforderung, deinen Hund im Park spazierenzuführen, ist nicht weniger wichtig oder gültig als die Mitteilung, daß du deine Arbeit in einer Großfirma aufgeben und dein eigenes Geschäft aufmachen sollst. Möglicherweise entsteht erstere, weil du irgendwie spürst, daß du um deiner Gesundheit willen mehr an der frischen Luft sein solltest. Das ist genauso wichtig wie die Frage, wo du dein Geld verdienst. Alle Hinweise, töricht oder nicht, sind mächtige Führer zur Wahrheit und verschaffen dir den direkten Zugang zu deinem inneren Wissen.

Wenn du sorgfältig hinhörst, kannst du dich auf die Frequenz einstimmen, die dir diese wertvollen Informationen zukommen läßt. Regel neun fordert dich auf, dich auf die Mitteilungen und Antworten einzustimmen, die du von deiner spirituellen Grundanlage bekommst. Bei dem ständigen Geschwätz im Kopf ist es oft schwer, diejenigen Botschaften herauszuhören, die tatsächlich Antworten enthalten. Und hörst du sie, kommen sie dir möglicherweise seltsam vor, wenn du nicht auf deine echten Gefühle eingestimmt bist. Eine 35jährige, hochgeachtete Kunsthändlerin schiebt möglicherweise eine innere Antwort auf die Frage beiseite, weshalb sie sich völlig entfremdet und unerfüllt ist, wenn diese lautet, sie solle sich ihren Traum erfüllen, Medizin studieren und Psychiaterin werden. Man kann Botschaften, die nicht mit den eigenen Plänen übereinstimmen, zwar von der Hand weisen, aber es ist schwer, sie gar nicht zu beachten.

Stimmst du dich hingegen auf deine Botschaften ein, erfährst du, was dir wirklich fehlt. Die Antworten zu beachten ermöglicht dir ein Leben aufgrund deines echten inneren Wissens und deiner wahren Gefühle. Sie lösen das »Betrüger-Syndrom« auf. Vielleicht wäre jene Kunsthändlerin tatsächlich zufriedener, wenn sie noch einmal anfinge und Ärztin würde. Das kann aber nur sie und ihre innere Führung wissen.

Um sich auf das Wissen im eigenen Inneren einzustimmen und darauf zu achten, sind die Lektionen Hinhören, Vertrauen und Inspiration zu meistern. Diese Lektionen geleiten dich an jenen Ort in deinem Herzen, von dem aus du Zugang zu allen Antworten bekommst, die du brauchst, damit sich deine Erfahrungen in der Welt auch lohnen.

HINHÖREN
Bewußtsein ist nichts anderes als Gewahrsein – eine Mischung aus allem, worauf wir achten.

Deepak Chopra

Hinhören heißt, sich sowohl auf verbale wie nonverbale Mitteilungen zu konzentrieren, die du empfängst. Die Lektion des Hinhörens ist besonders wichtig, wenn es um das innere Wissen geht. Was nützt diese göttliche Weisheit, wenn man sich nicht darauf einstellt und sie nicht beachtet? Hinhören lernst du, wenn du dich auf die Mitteilungen deiner spirituellen DNS einläßt und ebenso auf alles, was sich richtig für dich anfühlt.

Es gibt eine alte Anekdote über einen frommen Mann mit einem unbeirrbaren Glauben an Gott. Er betete jeden Tag und war sich sicher, daß sich der Herr um ihn kümmern würde, wenn es je nötig wäre.

Eines Tages begann es zu regnen. Ein Hochwasser suchte das Dorf heim, in dem der Mann wohnte, und alle brachten sich in Sicherheit, so schnell sie konnten. Einige Dorfbewohner, die bei seinem Haus vorbeifuhren, drängten ihn, mit ihnen wegzufahren.

Er antwortete: »Der Herr wird mich retten.«

Es regnete weiter, bis das Wasser so hoch stand, daß der Mann sich in den zweiten Stock begeben mußte, um trocken zu bleiben. Ein Boot glitt vorbei, und die Fahrenden drangen in ihn, doch mit ihnen wegzufahren und sich in Sicherheit zu bringen.

Wieder antwortete er: »Vielen Dank, aber der Herr wird mich retten.«

Bald mußte der Mann aufs Dach steigen, um den rasch ansteigenden Fluten zu entgehen. Ein Helikopter flog vorbei, und der Pilot rief: »Ich werfe dir ein Seil hinunter, dann ziehen wir dich hoch.«

Zum dritten Mal lehnte der Mann ab. »Gott segne dich«, sagte er zum Piloten, »aber der Herr wird mich retten. Der Herr wird demnächst etwas zu meiner Rettung unternehmen.«

Minuten später stieg das Wasser so stark an, daß der Mann ins Meer geschwemmt wurde und ertrank. Er kam in den Himmel, und als sich der Herr die Neuankömmlinge ansah, wunderte er sich, den frommen Mann unter ihnen zu sehen.

»Du solltest gar nicht hier sein!« sagte er. »Es ist noch nicht Zeit für dich. Was tust du denn hier?«

Der Mann sagte zum Herrn: »Ich habe an dich geglaubt. Ich

habe geglaubt, daß du mich retten würdest. Ich habe gewartet und gewartet, aber du bist nicht gekommen. Was ist bloß geschehen?«

Der Herr antwortete: »Ich habe dir ein Auto, ein Boot und einen Helikopter geschickt. Was willst du noch mehr?«

Der Witz ist, daß wir genau hinhören müssen, um die Botschaft zu hören, weil sie nicht immer so klingt oder aussieht, wie wir es uns vorstellen. Stimme dich auf ihre Frequenz ein, sonst entgehen dir möglicherweise wichtige Hinweise aus deinem eigenen spirituellen Wesenskern.

VERTRAUEN

Vertraue auf dich. Jedes Herz schwingt im Einklang mit dieser stählernen Saite.

Ralph Waldo Emerson

Hat man gelernt, die inneren Mitteilungen zu hören und zu beachten, kommt der nächste Lernschritt: auf diese Mitteilungen zu vertrauen. Vertrauen lernt man, wenn man sich auf eine schwierige Situation einläßt und daran glaubt, daß das innere Wissen nur zum Besten führt. Mit Vertrauen entwickelt man ein Gespür dafür, wer und was zum eigenen Besten ist, so daß man sich vollkommen auf die Botschaften verlassen kann.

In meinen Workshops geht es hauptsächlich darum, den Teilnehmern Mut zu machen, auf ihr Herz zu vertrauen. Das löst meistens Angst aus, weil sie nicht verstehen, daß man im Rahmen eines Workshops unbeschadet auf jede beliebige Botschaft vertrauen und danach handeln kann. Wenn sie sich jedoch entspannen und zu vertrauen beginnen, geschieht Unglaubliches. Ich habe miterlebt, wie ein sonst zurückhaltender Finanzmann einer Großfirma zu den Klängen einer elektrischen Gitarre plärrte. Ich habe gesehen, wie das New Yorker Model

Sari auf die Mitteilung vertraute, sie solle sofort laut schreien, obwohl sie keine Ahnung hatte, weshalb. Sie schrie tatsächlich, und zwar laut. Weil sie auf ihren inneren Impuls vertraute, kam sie mit dem längst vergessenen Bedürfnis in Kontakt, draußen in der freien Natur zu sein. Sie behielt ihre Arbeit in New York bei, achtet aber inzwischen darauf, genügend Zeit im Wald zu verbringen, wo sie Verbundenheit empfindet und im Lot ist.

Das ganze Leben hindurch lernen wir, nicht auf uns selbst zu vertrauen. Kinder werden ständig ermahnt, alles so zu tun wie die Eltern, »weil sie es gesagt haben«. Die Medien tun alles, damit wir die Lösungen außen – in Gegenständen, Unterhaltung oder bei Gurus – suchen. Sogar die meisten modernen Schulen fördern das Selbstvertrauen und eigene Denken nicht. Aus jeder Ecke werden wir mit Hinweisen bombardiert, wir könnten uns nicht auf uns selbst verlassen.

Als Emily noch ein Kind war, bekam sie immer wieder zu hören, ihre Stimmung sei in der jeweiligen Situation unpassend. Emily war beispielsweise an ihrem zwölften Geburtstag traurig und machte kein Hehl daraus. Ihre Mutter wies sie zurecht und sagte: »Du solltest dich bei deiner eigenen Feier freuen, schön lächeln und sie genießen.« An dem Tag aber, an dem Emilys Großmutter starb, schalt Emilys Mutter sie, weil sie im Garten spielte. »Hör auf zu lachen. Du weißt doch, daß jemand gestorben ist? Du solltest jetzt traurig sein.«

Damals und bei vielen weiteren Gelegenheiten wurde Emily zurechtgewiesen, wenn sie ihr Gefühl spontan äußerte. Das verwirrte sie; sie war weder im Einklang mit dem Geschehen, noch konnte sie sich auf ihr eigenes Gefühl verlassen. Mit diesen Selbstzweifeln wuchs sie auf. Danach holte sie bei jeder Entscheidung zuerst die Meinung anderer ein, bevor sie etwas unternahm. Stellte ihr jemand eine Frage, antwortete sie häufig »ich weiß nicht« und fragte Freunde, was diese dazu meinten. Die Hauptlektion des Lebens bestand für Emily darin, auf ihre Gefühle, Intuition und eigene Wahl vertrauen zu lernen.

Mit 32 Jahren wollte Emily ein Versandgeschäft eröffnen, wo man alle nötigen Zutaten bestellen konnte, um Puppen selbst herzustellen. Sie hatte ihr Leben lang genäht, Dutzende von Puppen für Freunde gemacht und freute sich darauf, aus ihrem Steckenpferd ein Geschäft zu machen.

Emilys Familienangehörige und Freunde hatten aber Bedenken. Sie würde ein beträchtliches Kapital aufbringen müssen, hatte keinerlei Geschäftserfahrung, und niemand konnte ihr garantieren, daß sich die Puppenkits tatsächlich verkaufen ließen. Je mehr Freunde zweifelten, desto mehr geriet Emily ins Wanken. Sie überlegte sich bereits, statt dessen noch einen weiteren Kurs zu besuchen und auf einen zusätzlichen Abschluß hinzuarbeiten. Da schlug jemand Emily vor, mich aufzusuchen.

Nachdem wir ihre Geschäftsidee, Ängste und Zweifel besprochen hatten, fragte ich Emily: »Was würden Sie am liebsten tun, wenn Sie sich nicht um die praktischen Belange und das Ergebnis kümmern müßten?«

Ohne einen Augenblick zu zögern meinte Emily: »Puppenkits nähen und verschicken.«

Ich lehnte mich zurück, sah sie verwundert an und sagte: »So klar habe ich das noch nie gehört.« Emily selbst war über die Deutlichkeit ihrer Antwort erstaunt.

Als ich weiterfragte, was sie daran hindere, gab sie zu: »Ich habe noch nie etwas gemacht, mit dem meine Freunde und meine Familie nicht einverstanden waren.«

Es wurde still im Raum. »Und wie wäre es, das in Betracht zu ziehen?«

»Beängstigend.«

»Es klingt, als ob es hier um Selbstvertrauen ginge«, meinte ich. »Habe ich recht mit der Annahme, daß Sie ganz auf sich vertrauen müssen, um das Risiko einzugehen?«

Sie starrte lange zu Boden, bevor sie antwortete: »Sie haben den Nagel auf den Kopf getroffen. Ich weiß nicht, ob ich genug an mich glaube, es ohne Rückendeckung zu tun.«

Ich hatte eine Tür geöffnet und Emily die Wahl gelassen, allein hindurchzugehen. Sie beschloß, es zu wagen. Ihr Geschäft übertraf alle Erwartungen, und nachdem sie bewiesen hatte, daß sie auf sich vertraute, gewährten ihr auch Familienangehörige und Freunde ihre Unterstützung.

Wie diese Begebenheit zeigt, ist es für das spirituelle Wachstum außerordentlich wichtig, sich auf das eigene Innere zu verlassen. Die Fingerzeige aus dem Inneren zeichnen die Landkarte des eigenen Weges auf. Sie weisen dir den Weg zu deinen Lektionen, und du mußt auf sie vertrauen, um alles zu lernen, was zur Erfüllung deines ureigenen Zweckes erforderlich ist.

Du fängst bei kleinen Dingen an, auf die Botschaften aus deinem Inneren zu vertrauen. Stimm dich auf einfache Dinge ein wie »Ruf Mutter an«, oder »Kauf dieses Kleid«, um Vertrauen in deinen eigenen Radar zu bekommen. Es hilft auch, dich an frühere Begebenheiten zu erinnern, als du dich auf dein eigenes Gefühl verließest und das Richtige tatest. Wenn ich eine absurd klingende Botschaft aus meiner inneren Quelle empfange, denke ich an das damalige »Geh und stell dich an die Straßenecke« und vertraue darauf, daß sie mich nur in eine Lage bringt, die zum Besten führt.

INSPIRATION
Den Saft, der unsere schöpferische Seele nährt, gilt es im Alltag zu finden.

Sark

Inspiration ist jener Augenblick, in dem du Zugang zum Geist in deinem Inneren bekommst und dieser sich dir offenbart. Eine Eingebung hast du, wenn etwas in der Außenwelt einen Funken in dir entzündet und eine Reaktion hervorruft. Du erinnerst dich, daß alle Antworten in dir liegen und du der weiseste Zauberer in deinem Reich bist.

Meist läßt man sich solche Momente entgehen, bis man lernt, tatsächlich auf das innere »Bing« zu achten und es bewußt aufzunehmen. Macht man sich auf, das innere Wissen zu beachten, erkennt man solche inspirierenden Augenblicke immer besser. Manchmal verändern sie das Leben.

Zeit in der Natur zu verbringen ist eine wunderbare Art, zur Quelle der Inspiration vorzustoßen. Die Natur strömt eine Energie aus, die dich mit deinem Inneren in Berührung bringen kann. Thoreau verbrachte zwei Jahre allein in den Wäldern, um Kontakt mit der Natur aufzunehmen und die Weisheit in sich zu finden. Dort schrieb er einige seiner inspiriertesten Werke. Vieles davon ist zeitlos und noch ein Jahrhundert danach genauso gültig und wahr wie damals. Er entdeckte, daß alle Antworten in ihm lagen, genauso, wie sie in dir liegen. Geh im Meer schwimmen, klettere auf einen Baum, unternimm eine Bergwanderung oder mach einfach einen langen Waldspaziergang. Tu genau das, was dich auf den Rhythmus der Natur einstimmt und deinen natürlichen Instinkt weckt.

Eine weitere hervorragende Quelle der Inspiration ist die Kunst. Auch bewegende Lyrik oder gute Literatur vermögen Herz und Seele zu öffnen, so daß das angeborene Wissen in Fluß kommt. Schöne Musik oder ein prachtvolles Gemälde sind zündende Funken, die den Weg zum göttlichen Kern im Inneren leuchten. Jedes Meisterwerk wurde in einem Moment der Eingebung geschaffen und kann dich zu deiner eigenen Inspiration führen.

Meine Freundin Laura hat eine »Inspirationsschachtel« auf ihrer Frisierkommode stehen, in der sie Zitate auf Zetteln und inspirierende Gegenstände aufbewahrt. Dort findet man alles – von der chinesischen Weissagung »Du bist dein eigener tiefster Brunnen« bis zur blaufunkelnden Murmel, die sie von ihrem kleinen Sohn bekommen hat. Braucht sie eine Antwort auf eine der zahlreichen Lebensfragen oder -probleme, greift sie etwas aus ihrer Inspirationsschachtel heraus, um Kontakt mit der Weisheit in ihrem Inneren aufzunehmen.

Was würdest du in deine Eingebungsdose legen?

Zehnte Regel

Du wirst dies alles vergessen

*Wenn du willst, kannst du dich daran erinnern, indem
du die Doppelhelix des inneren Wissens enträtselst*

Du bist mit dem Wissen um alles, was in diesen zehn Regeln
vermittelt wird, zur Welt gekommen. Du hast es einfach irgendwo auf deinem Weg von der geistigen zur physischen Welt
verloren. Jede Lektion ist ein weiterer Stein auf deinem Lebensweg, und beim Weitergehen und Lektionenlernen wird dir die
eine oder andere vertraut erscheinen. Klingt etwas in dir an und
hast du eine der Lektionen begriffen, erinnerst du dich an dein
ursprüngliches Wissen. Bei jedem Aha-Erlebnis erinnerst du
dich. Wenn du still und in Frieden bist, erinnerst du dich.
Manche nennen es Einstimmung auf die Planeten, Einssein mit
Gott oder Gelassenheit. Nenne es, wie du willst, es ist ein
Augenblick der Erinnerung.

Erinnern und Vergessen machen den Reigen des Bewußtseins
aus. Erinnern ist der Moment, in dem du die Wahrheit in dir
entdeckst. Vergessen ist der vorübergehende Gedächtnisverlust,
der sich einstellt, wenn die Wahrheit verschlossen ist. Bist du
blockiert, hast du die Wahrheit in deinem Inneren vergessen.
Schaffst du es nicht, zu ihr vorzustoßen, hast du sie vergessen.
Entfernst du dich zu weit vom bewußten Gewahrsein, verlierst
du Kontakt mit der universellen Weisheit, die jedem Menschen
innewohnt.

Jeder Mensch durchläuft im Leben zahlreiche Erinnerungs-Vergessens-Zyklen. Man kann sich an die allgemeingültigen Wahrheiten erinnern und kennt sie vielleicht in einem bestimmten Lebensbereich, zum Beispiel der Arbeit, vergißt sie jedoch völlig in einer Liebesbeziehung.

Am Tag erinnert man sich vielleicht daran, und bei Anbruch der Nacht ist alles wieder vergessen. Die »Zehn Regeln für das Menschsein« sind Richtlinien, die dir eine Hilfe sein sollen, wenn du vergessen hast, und sie sollen dich an alles erinnern, was du bereits weißt. Es sind keine Gebote, sondern allgemeingültige Tatsachen. Wenn du dich verirrt hast, kannst du darin blättern, und die vorübergehende Amnesie vergeht so schnell, wie sich Sturmwolken im Sonnenschein auflösen.

Die zehnte Regel fordert dazu heraus, dich immer wieder an die Wahrheit in deinem Inneren zu erinnern und einen Weg zurück zu finden, wenn du sie vergessen hast. Das tust du, indem du die fortgeschrittenen Lektionen des Glaubens, der Weisheit und schließlich der Grenzenlosigkeit lernst. Sie zu meistern versetzt dich auf eine höhere Bewußtseinsebene und erlaubt dir eine größere geistige Ausdehnung.

In der Wahrheit verankert zu sein heißt, die Glückseligkeit des Unwissens aufzugeben. Aber aus der inneren Wahrheit heraus zu leben verleiht dem Leben Glanz. Das führt dich zu deinem wahren Selbst und macht deinen Lebensweg zu einer erstaunlichen, sinnvollen Erfahrung.

GLAUBEN

*Glauben ist eine Geistesgabe, dank welcher die Seele ihrer
eigenen Entfaltung nachgeht.*

Thomas Moore

Glaube an dich und daran, daß du dich an die Wahrheit und das
Wissen in deinem Inneren erinnern wirst. Bestimmt gibt es
Zeiten, in denen du den Weg zur Wahrheit in deinem Herzen
nicht erkennst, Zeiten der Dunkelheit und der Unsicherheit. Das
Leben ist manchmal schwer, und es gibt Phasen, die dir sinnlos
erscheinen und in denen du dich kaum über Wasser hältst. In
solchen Zeiten tut Glauben not.

Glauben ist die eine Kerze in der Dunkelheit, wenn du dir wie
ins Weltall hinauskatapultiert vorkommst, Glauben ist das un-
sichtbare Netz unter dir, wenn du zu stolpern meinst. Er trägt
dich durch Zeiten vorübergehender Amnesie. Glauben heißt,
einfach ohne greifbaren Beweis darauf vertrauen, daß die Wahrheit, auch wenn sie manchmal unsichtbar zu sein scheint, nicht
für immer verschwunden ist. Sie schläft einfach solange in dir,
bis du wieder Kontakt mit deiner angeborenen Weisheit auf-
nimmst.

Der Glaube hat Maya, eine 38jährige Mutter von zwei Kin-
dern, durch die schmerzhaften Monate nach ihrer Scheidung
hindurchgetragen, als sie nicht mehr wußte, was es heißt, sich
zu freuen. Der Glaube hat den reichen Unternehmer Sam über
Wasser gehalten, als seine Fabrik und die Investitionen seines
ganzen Lebens bei einem durch einen Kurzschluß entstandenen
Brand in Rauch aufgingen. Der Glaube war meiner Freundin
Ellen eine Stütze, als sie nach einem Umzug nach Paris eine
Zeitlang unter Angst und Unsicherheit litt und Tausende von
Kilometern von ihren Familienangehörigen entfernt war. Diese
Menschen haben sich alle auf den Glauben gestützt, als ihnen
ihre Ganzheit abhanden gekommen war, um sich daran zu

erinnern, daß sie der Ganzheit sehr wohl fähig waren. Der Glaube hat ihnen geholfen, sich an die ihrer Seele innewohnende Weisheit zu erinnern.

Es gibt viele Möglichkeiten, in düsteren Zeiten den Glauben wiederherzustellen, wenn das Licht so trübe geworden ist, daß man es kaum mehr sieht, und die Wahrheit zu verschwommen ist, als daß man sich daran erinnerte. Umgib dich mit Menschen, die deinen echten Kern kennen und denen dein wahres Selbst vertraut ist, dann bleibst du in der Wahrheit in deinem Inneren verwurzelt. Nimm Kontakt zu solchen Menschen auf und bitte sie, dich in Augenblicken momentanen Gedächtnisverlustes an die Wahrheit zu erinnern. Thea Alexander nennt sie »private Entwicklungslehrer«. Diese Lehrer verhelfen dir wieder zu jenem Funken Wiedererkennen, den du brauchst, wenn dir der Glaube mangelt.

Meine private Entwicklungslehrerin ist meine Schwester und Seelenpartnerin Lynn. Sie hält mich bei der Stange. Als ich vor Jahren an der Universität war, war ich immer wieder nahe dran, wegen des ständigen Drucks und der nie enden wollenden Arbeit aufzugeben. In meinen schlimmsten Momenten, als ich nicht mehr wußte, weshalb ich mir das antat, erinnerte mich Lynn daran, wie sehr ich diesen Abschluß eigentlich wollte. Meine vorübergehende Amnesie ließ mich beinahe das Studium aufgeben und einen Traum sabotieren, den ich meiner inneren Wahrheit entsprechend formuliert hatte. Lynn brachte mich als meine private Entwicklungslehrerin wieder mit meiner ursprünglichen Wahl in Kontakt und war das Bindeglied zu meiner Herzenswahrheit.

Den Glauben kann man auch mit Hilfe eines Glücksbringers wahren. Sammle in hellen Momenten Dinge, die dich mit deiner inneren Quelle verbinden. Es kann ein Symbol sein, ein Gegenstand, etwas Geschriebenes, Zitate oder irgend etwas, das dich an jenen Ort in deinem Inneren zurückholt, der mit dem Universalgeist verbunden ist. Umgib dich in Augenblicken des

Vergessens damit, um dich daran zu erinnern, wer du bist und wozu du fähig bist.

Der Glaube läßt sich auch durch eine Beschäftigung wiederfinden, die dich in deine Mitte zurückbringt. Für manche ist es Beten, für andere Atmen, Lesen, Meditieren, Joggen, Zeichnen oder Spielen mit dem Hund. Eine solche Beschäftigung kann dich aus deiner Amnesie wecken. Was liefert dir geistige Energie? Was ist dein Rettungsring? Welche Bewegung holt dich heraus, wenn du sinkst? Nimm dir im Wachzustand und bei Bewußtsein etwas Zeit, herauszufinden, an welchem Rettungsring du dich festhalten kannst, um über Wasser zu bleiben, wenn etwas dich nach unten zu ziehen droht.

Das sind bloß Vorschläge. Nur du kannst wissen, was dir hilft, dich an deinen Wesenskern zu erinnern und Kontakt dazu aufzunehmen. Finde es heraus, und halte dich in jenen Zeiten daran, in denen du zu weit von deiner Wahrheit abgekommen bist.

WEISHEIT
Weisheit wird uns nicht geschenkt. Wir müssen uns selbst auf den Weg dazu aufmachen, und niemand kann ihn für uns gehen oder uns ersparen.

Marcel Proust

Das Ziel deines Lebensweges ist Weisheit. Weisheit ist der höchste Grad von Erkenntnis, Einsicht und Verständnis. Sie schenkt dir den größten Weitblick über dein Leben, dessen Zweck sowie die Lektionen, die du im Lauf des Lebens zu lernen hast. Wenn du deine Weisheit findest, lebst du im Licht.

Weisheit ist kein Zustand, den man zu erlangen hätte, sondern vielmehr ein Zustand, an den man sich erinnert. Du bist mit der gesamten unbegrenzten Weisheit auf die Welt gekommen, die jedem Menschen innewohnt. Du brauchst dir nur Zugang zu jenem Ort in deinem Inneren zu verschaffen, der dich mit der grenzenlosen göttlichen Quelle verbindet, um dich daran zu erinnern. Du bist genauso weise wie Buddha, Aristoteles oder Konfuzius – nur haben sie Zugang zu einem Ort in sich erlangt, zu dem du dich vielleicht noch nicht aufgemacht hast.

Weisheit ist nicht Intelligenz. Sie hat nichts mit deinem IQ zu tun oder damit, wie gut du in der Schule abgeschnitten hast. Weisheit ist die höchste Stufe emotionaler, spiritueller und geistiger Evolution, auf welcher du Intuition ebenso schätzt wie Informationen, Bereitschaft ebenso wie Können und Inspiration ebenso wie Wissen. Dort verbindet sich dein innerstes Verständnis mit deinem alltäglichen Verhalten.

Der direkteste Weg zur Weisheit in dir ist mit Lebenslektionen gepflastert. Lernst du deine täglichen Lektionen, kommst du der Ausrichtung auf das immer näher, was Emerson »Überseele« und C. G. Jung »kollektives Unbewußtes« nannte. Dabei handelt es sich um Universalkräfte, die uns alle miteinander und mit der grenzenlosen Quelle der Weisheit verbinden. Es ist ganz einfach: Lerne deine Lektionen, damit du deine Verbindung zu jener Quelle findest und dich an die Weisheit in deinem Inneren erinnerst.

Das Schöne an der Weisheit ist, daß es dich drängt, sie weiterzugeben, wenn sie in dir wachgerufen wird. Du erinnerst dich an die Lektion des Überflusses und weißt, daß es in der Weisheit keinen Mangel und keine Begrenzung gibt. Es ist wie mit der Liebe. Je mehr du davon verschenkst, desto mehr bekommst du zurück. Du kannst immer mehr Weisheit aufnehmen, je mehr du sie weitergibst. Menschen, die man um ihrer Weisheit willen hochschätzt, haben sie freizügig mit anderen geteilt, um ihnen beim Wachsen zu helfen.

Elisabeth Kübler-Ross gehört zu diesen Menschen. Sie hat ihre Weisheit dazu eingesetzt, Millionen von Menschen beim Sterben zu helfen. Durch die Verbindung von Weisheit und

Mitgefühl hat sie andere auf ihre Verständnisebene gehoben und ihnen gezeigt, daß die Art, in der wir sterben, ebenso wichtig ist wie die Art, in der wir leben.

Wir begegnen nicht jeden Tag Menschen, die wir als weise bezeichnen würden. Es kann eine Großmutter oder ein Großvater sein, ein Lehrer, ein Mentor, jemand, dessen Sicht des Lebens sich durch eine breite Perspektive auszeichnet, die manchmal weit über sein Lebensalter hinausgeht. Du kennst bestimmt so jemanden. Vielleicht ist es jemand ganz in deiner Nähe oder eine Berühmtheit wie Mutter Theresa, der Dalai Lama, Albert Schweitzer oder Jonas Salk. Ich hatte das Glück, Willis Harman kennenzulernen, den Präsidenten des Instituts für noetische Wissenschaften. In meinen Augen besaß er diese Weisheit.

Im Gespräch mit ihm fühlte ich mich wie auf einem geistigen Höhenflug über die Erde, bei dem wir die Zustände dort unten besprachen. Ich schätzte mich glücklich, mit ihm zusammensein zu können. Seine Ansichten waren äußerst inspirierend. Keine eigenen Ziele zu verfolgen, seine völlige Bedürfnis- und Wunschlosigkeit sowie seine Unabhängigkeit von materiellem Besitz verliehen ihm eine unglaubliche Stärke. Er schrieb: »Höchstwahrscheinlich sind wir in einer Selbsttransformation begriffen, die uns dazu führt, ganz auf das innere Selbst und das ›innere Wissen‹ zu vertrauen; das bringt uns dahin, daß wir sowohl unserer inneren Zielgewißheit gewahr werden als auch die Quelle der Weisheit und Führung finden, die unseren Drang unterstützt, herauszufinden, welches unsere Lebensaufgabe ist, und diese auszuführen . . .« Es war erfrischend, sich in seinen philosophischen Gedankengängen zu aalen und Schuhe einer Realität anzuprobieren, die mir noch zu groß waren. Ich bin für diese Beziehung unendlich dankbar, weil die Grundsätze, nach denen ich strebe, durch ihn zur Erfahrung geworden sind.

Denk an den Menschen in deinem Leben, dem du einen Blick auf die Weisheit verdankst. Frage dich, welche Eigenschaften dir an ihm aufgefallen sind. Und dann frage dich, worin du ihm nacheifern möchtest. Jedesmal, wenn du dein Leben aus einer größeren Perspektive betrachtest – genügend Abstand davon nimmst, um zu sehen, was hinter der offenbaren Situation tatsächlich abläuft –, erlangst du ein Stück Weisheit.

Die Weisheit im eigenen Inneren zu finden und auf die eigene höchste Entwicklungsstufe zu gelangen, ist wohl eine der selbstlosesten Lektionen, die es zu lernen gibt. Sie erhebt dich und treibt dich auf deinem Weg voran, damit die Ergebnisse deines Lernens zu einem Beitrag an die Welt werden.

GRENZENLOSIGKEIT
Was wir Resultat nennen, ist ein Anfang.
Ralph Waldo Emerson

Die letzte Lektion, die du lernst, wenn du die »Zehn Regeln für das Menschsein« für dich annimmst, ist Grenzenlosigkeit. Sie läßt dich auf dem Weg weitergehen, nachdem du dieses Buch schon längst beiseite gelegt hast. Grenzenlosigkeit ist das Gefühl, daß es keine Grenzen hinsichtlich dessen gibt, was du werden oder tun kannst. Du lernst sie, wenn du weißt, daß deine Entwicklung nie aufhört und dein Wachstumspotential grenzenlos ist.

Als du geboren wurdest, wußtest du, was Grenzenlosigkeit heißt. Beim Aufwachsen und deiner Sozialisierung hast du vielleicht zu glauben gelernt, es gebe Grenzen, die dich am Erreichen der höchsten Ebenen der spirituellen, emotionalen oder geistigen Entwicklung hindern. Die Grenzen befinden sich jedoch nur in deinem eigenen Denken. Vermagst du über sie hinauszugehen, lernst du die Lektion der Grenzenlosigkeit.

Als ich ein junges Mädchen war, hatte ich eine Lehrerin, die wußte, wie wichtig diese Lektion war. Sie erinnerte uns täglich daran, daß wir alles erreichen konnten, was wir wirklich wollten, wie unmöglich es auch aussehen und wie groß der Widerstand dagegen sein mochte. Ich hoffe sehr, daß es in jeder Schule auf der ganzen Welt einen Lehrer oder eine Lehrerin wie Mrs. Carbone gibt, damit alle Kinder das Staunen und die Stärke in sich wahrnehmen und danach streben lernen, sich Zugang dazu zu verschaffen.

Du kannst immer weitere Ebenen erreichen, weil das Potential in dir bereits grenzenlos ist. Das Leben fordert dich dazu heraus, dieses Potential aufzudecken, indem du Schicht für Schicht abschälst und an folgende Grundwahrheit erinnert wirst: Es gibt nichts, was du nicht tun, sein oder haben kannst. Alles liegt in deiner Reichweite. Erkenne deine Grenzen, nicht etwa, um sie zu beachten, sondern um sie zu zerschlagen und die Hand nach aller Herrlichkeit auszustrecken.

Neulich wurde ein Bericht über einen Mann in den Nachrichten ausgestrahlt, der sich und der Welt bewies, daß es nichts gibt, was der Mensch nicht vermag. Valdas war aus Litauen in die Vereinigten Staaten eingewandert und nach jahrelanger harter Arbeit die Stufen zum Regierungsbeamten hochgeklettert. Er war vielfach ausgezeichnet worden. Er setzte einen umfassenden Umweltschutzplan zur Reinigung der großen Seen im Nordosten der Vereinigten Staaten durch. Ronald Reagan verlieh ihm als Präsident die höchste Auszeichnung für Regierungsbeamte. Als Litauen 1991 unabhängig wurde, wollte Valdas zurückkehren und sich ebenso für sein Heimatland einsetzen, wie er es für Amerika getan hatte.

Valdas Adamkus wurde 1998 mit 71 Jahren, einem Alter, in dem viele sich bereits zur Ruhe setzen, Präsident von Litauen. Als man ihn nach dem inneren Antrieb befragte, sich in seinem Alter für ein so anspruchsvolles Amt zu bewerben, antwortete Valdas: »Das Leben kennt keine Grenzen.«

Zahllose Menschen haben eine solche Einstellung bewiesen und damit gezeigt, daß der Mensch alles zu tun vermag, wonach er strebt. Die Brüder Wright bauten trotz aller Zweifel ihrer

Mitmenschen eine fliegende Maschine. Gandhi rief zu einer Revolution auf, die sich auf Millionen von Menschen auswirkte.

Eine Leistung braucht keine Heldentat zu sein, um Zeugnis für die Grenzenlosigkeit abzulegen. Ob es bedeutet, die beste Note im Zeugnis zu bekommen oder die Küchengardinen alleine aufzuhängen, du kannst dir sogar durch kleinste Handlungen beweisen, daß du alles kannst. Wichtig dabei ist nur, daß du daran glaubst, es tun zu können, und daß du dir keine Gelegenheit entgehen läßt, einen Erfolg zu verbuchen.

Jede Lektion, die du in deinem Leben lernst, öffnet dir die Türen zu deinem eigenen Empfinden der Grenzenlosigkeit. Dein Mitgefühl, deine Geduld, Bereitschaft, Verpflichtung, Toleranz und jeder andere Winkel des Verständnisses in dir kennen keine Grenzen. Du hast die uneingeschränkte Erlaubnis, zu lieben, zu wachsen und dich an alle Weisheit in deinem Inneren zu erinnern.

Zusammenfassung

Deine Erdenzeit ist kurz bemessen. Die Zeit vergeht, die Dinge ändern sich. Du hast Alternativen und Wahlmöglichkeiten, innerhalb derer deine Wünsche, Träume und Ziele wahr werden.

Fragst du dich »Weshalb bin ich hier?«, »Weshalb geschieht mir das?« oder »Worum geht es hier?«, dann nimm deine spirituelle Fibel zur Hand. Frage dich »Was kann ich daraus lernen?«. Reagierst du defensiv oder hörst ein inneres »nie« oder »immer«, hast du die Lektion noch nicht gelernt. Geh ein wenig tiefer, und frage dich: »Was kann ich aus dieser Erfahrung lernen?«

Wenn du den Wert deiner Umstände erkennst, egal wie verwirrend oder anscheinend schwierig sie sind, wächst du. Deine Entwicklung hängt davon ab, wie bereitwillig du deine Lektionen annimmst und sie in dein Leben integrierst. Denk daran: Sich Lektionen zu widersetzen führt nur zu einer ständigen Wiederholung, bis du sie gelernt hast. Hast du etwas gelernt, wirst du stets geprüft. Ist die Lektion gelernt, meisterst du die Prüfung leicht und fährst mit komplexeren und schwierigeren fort.

Blicke auf frühere Ereignisse zurück, dann siehst du deutlich, welche Lektionen du gelernt und welchen du dich widersetzt hast und welche du daher immer noch wiederholst. »Gestern ist Geschichte, morgen ein Geheimnis, heute ein Geschenk – ein präsentes Präsent.«

Noch spannender ist es, die gegenwärtigen Umstände zu

betrachten und die damit verbundenen Lektionen genau zu erkennen. Am schwierigsten ist der Blick in die Zukunft. Sich zu wünschen, die Lebensschule bereits abgeschlossen zu haben, beschleunigt weder den Lernvorgang, noch macht es die Lektionen leichter. Jede Situation auf lernenswerte Lektionen zu untersuchen, darum geht es bei dieser Goldsuche.

Denk daran, daß du hier bist, um etwas zu lernen.
Bleibe dabei. Achte auf deine Empfindungen.
Arbeite fleißig an dem, was dir hilft, deine Lektion »mitzubekommen«.
Bitte um Antworten. Du wirst sie erhalten.
Höre mit offenem Herzen hin.
Erforsche alle Wahlmöglichkeiten.
Betrachte deine Beurteilungen als Spiegel.
Sieh in jeder Krise eine Chance.
Vertraue auf dich.
Glaube an dich.
Suche bei jeder deiner Entscheidungen in deinem Inneren bei deinem höheren Selbst um Führung nach.
Sei dir selbst gegenüber mitfühlend.
Vergiß nicht: Es gibt keine Fehler, nur Lektionen (Dritte Regel).
Liebe dich selbst, vertraue auf deine Wahl, dann rückt alles in den Bereich des Möglichen!

Liebe Leserin, lieber Leser!

In den »Zehn Regeln für das Menschsein« im vorliegenden Buch geht es um den Sinn des Lebens. Es geht darum, auf das innere Wissen, auf die innere Stimme zu hören, darauf zu vertrauen und danach zu handeln. Ein Grundpfeiler dieser Arbeit ist die Achtung vor jedem Menschen und seiner Entscheidungsfreiheit. Jeder Mensch besitzt sowohl das Wissen wie die Kraft, seine Träume wahr zu machen und seine spirituelle DNS – seinen Lebenszweck – zu erfüllen.

Ich habe 1974 das MMS-Institut (Motivation Management Service Institute, Inc.) in Kalifornien als Lebenshilfe für Menschen gegründet, die nach den Grundsätzen dieses Buches leben möchten.

Interessierst du dich für diese Hilfe auf deinem spirituellen Weg und möchtest du einen der Kurse besuchen, die wir über unser globales Netzwerk anbieten, kannst du dich im Hauptsitz in Santa Barbara (Kalifornien) oder bei unseren Partnern in Holland, der Schweiz, Schweden oder andernorts mit uns in Verbindung setzen.

Ich wünsche dir, daß du alle Lektionen auf deinem Weg lernen und alle deine Träume wahr werden lassen kannst.

Chérie Carter-Scott

MMS in Kalifornien:
Tel. 001 (805) 563-0789, Fax 001 (805) 563-1028
E-Mail: 75507.3167@compuserve.com
oder
chérie@themms.com

Dank

Debra Goldstein war während der Entstehung dieses Buches die ganze Zeit über mein Alter ego. Sie hat wie ein Schutzengel darüber gewacht und wesentlich zu seiner Qualität beigetragen. Lauren Marino hat sich ganz der Aufgabe verschrieben, sie zu einer spirituellen Fibel für Menschen auf dem Weg zur Bewußtseinserweiterung zu machen. Trigg Robinson, Nancy Clare Morgan und Donna Gould haben sich der Verbreitung der nachfolgend im einzelnen erläuterten Regeln gewidmet.

Meine liebe, hilfsbereite und treue Partnerin Lynn Stewart hat mir über ein Vierteljahrhundert geholfen, in unseren Workshops Menschen ihre eigene Stärke bewußtzumachen. Ohne sie wäre dieses Buch nicht entstanden.

Dank gebührt meinem hingebungsvollen, lieben Mann Michael A. Pomije, der all meine Wünsche, Hoffnungen und Träume unterstützt,

meiner prächtigen Tochter Jennifer Carter-Scott – meine wichtigste Lehrerin und strengste Kritikerin,

Jack Canfield, Mark Victor Hansen und Patty Aubery, dank dener »Zehn Regeln für das Menschsein« unter die Leute gekommen sind,

Michael Larsen und Elizabeth Pomada für ihren festen Glauben daran, daß dieses Buch entstehen mußte,

und allen, die mich bei der Entstehung des Buches unterstützt haben: Barbara Adamich, Danita Allen, John Arno, Brook Ashley, Pam Beckerman, Nora Blanco, Jan Campbell, Jillian Dowling, Jenny Edwards, Connie Fueyo, Bob Furstenau, Penny

A. Godlis, Carrell Halley, Katy Jacobson, Elena Johnston, Betty Mazetti Hatch, Richard Mantei, JoAnn Mermis, Greg Klein, Dan Millman, Terry Myrrdin, Molly Post, Joey Rosenberg, Jeri Rovsek, Julie Simpson, Linda Smukler, Helen Strodl, Marla Weiss und Mady Widyasurya sowie

Barbara Rasmussen und Roger Hannegan, die sich anderenorts über das Buch freuen.

Ich bin für alle meine Freunde, Partner, Familienangehörige und Mitarbeiter dankbar, die mich unterstützt haben.

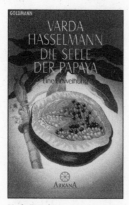

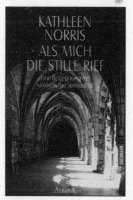